现代烟草农业发展问题研究
——以河南省为例

邓蒙芝　李富欣　著

中国农业出版社

北　京

本书是河南省软科学研究计划项目（182400410029），河南省烟草公司科技项目（HYKJ201214）和国家留学基金委资助项目（201608410350）的最终成果和阶段性成果

本书由河南农业大学农业政策与农村发展研究中心资助出版

前 言 FOREWORD /////////////

坚持烟草农业优先发展，高质量发展现代烟草农业是烟草行业落实乡村振兴战略，推进烟叶产区乡村振兴的重要举措。以品牌为导向的基地单元是烟草行业贯彻"工业反哺农业、城市支持农村"方针发展现代烟草农业的主要方式，是现代烟草农业建设的载体。本研究以现代烟草农业建设整县推进的襄城县和宜阳县两县基地单元作为主要研究对象和研究主体，对河南省现代烟草农业的发展模式与运行机理进行系统总结和深入研究，对基地单元现代烟草农业建设效果进行科学的定量评估，并构建一套具有前瞻性和对基地单元未来发展方向具有一定指导作用的综合评价体系。

本研究主要研究内容为：

第一，对中国烤烟总产量、烤烟种植面积以及烤烟单产重心的移动轨迹进行定量研究，刻画烤烟产量重心与烤烟种植面积重心和单产重心的耦合态势，分析驱动烤烟生产重心移动的社会经济因素，充分认识改革开放以来烤烟生产时空动态变化特征。

第二，全面总结和回顾现代烟草农业建设历程，合理划分现代烟草农业建设阶段，更清楚地掌握烟草农业的发展现状，认清烟草农业在大农业乃至整个国民经济中的地位。

第三，以整县推进示范县襄城县为例，对 2005 年以来烟叶生产基础设施建设变化进行详细描述，并结合烟农对烟叶生产基础设施建设的需求意愿提出未来烟叶生产基础设施的建设方向。

第四，系统介绍和全面梳理襄城县和宜阳县现代烟草农业基地单元建设情况和运行管理模式，在此基础上进一步总结现代烟草农业基地单元建设所取得的成效。

第五，基于对河南省襄城、宜阳和登封三县（市）的实地调研数据，通过比较基地单元之间、基地单元和非基地单元在农业产出、烟叶品质、烟农收入、种植结构和烟叶生产方式等方面的差异对基地单元现代烟草农业建设效果进行描述性分析。

第六，通过双重差分（Difference in Difference，DID）方法来较为准确地评估基地单元现代烟草农业建设效果，并且建立计量模型，找出可能影响基地单元现代烟草农业建设的关键因素。

第七，构建具有前瞻性和指导性的综合评价体系，并利用其对襄城县和宜阳县基地单元现代烟草农业建设效果进行综合评价。

根据以上研究结果，本研究提出如下政策建议：

第一，实行地区差异化的烤烟生产扶持政策。科学划分烟区类型，划定核心产区、重点产区、普通产区；将政策支持的重点倾斜到烤烟相对收益较高、种烟劳动力机会成本较低、耕地资源禀赋相对丰富、烤烟发展潜力较大的核心产区和重点产区，努力提高这些地区农民的种烟收入及其在家庭总收入中的比重，从根本上确保种烟土地和种烟劳动力的可持续性。

第二，提升基地单元机械化装备水平。重点突破适应丘陵、山地作业的小型农机具，形成适合不同地形、适应适度规模的全程机械化装备体系，实现烟叶生产高效精准作业、减工降本。

第三，推动基地单元烟叶与多元产业融合发展。加快推动一二三产业融合，建立以烟为主、多元产业协调发展、融合发展的现代农业产业体系。建立永久烟田制度。要依托原有基本烟田规划，划定永久烟田范围、明确保护措施、强化监管责任，确立永久烟田保护制度。以此为基础，推进烟田长期稳定流转，真正形成以烟为主的耕作制度，实现种烟地块稳定、烟农队伍稳定、烟叶质量稳定。

第四，加快推动基地单元烟叶生产基础设施建设转型升级。实施高标准基本烟田建设和新能源烤房改造升级，以烟田宜机化改造为重点，科学分类，分步实施，扎实有序推进高标准基本烟田建设，统筹抓好老旧烤房改造升级与新建烤房补充，同步推进电能、太阳能、生物质能等清洁能源在烘烤中的应用，实现绿色烘烤。

第五，加大基地单元新型烟叶种植主体培育力度。加快培育种植大户、家庭农场等新型烟叶经营主体，发展多种形式的适度规模经营，培育新型职业烟农。在培育职业化烟农的同时，完善有利于保障小农户利益的扶持政策，引导成立土地股份合作社，开展专业化托管服务，提升小农户合作化、组织化程度，推动小农户与现代农业有机衔接，进而稳定烟叶种植队伍。

第六，提升基地单元专业化服务水平。拓展合作社专业化服务范围，重点推进统防统治与专业采烤服务，拓展移栽、施肥、中耕、拔秆等环节专业化服务，促进烟农轻松种烟。提升合作社服务市场化水平，探索打造一站式烟农服务平台，提升服务质量，增强带动烟农增收致富能力。

第七，以基地单元为载体，推进烟站标准化建设。对标《烟叶收购站设计规范》，加快推进烟站改造提升，完善流水线收购作业方式，筑牢烟站硬件设施基础。强化智能收购设备研发，研发推广智能定级、自动收储烟叶设施装备系统，提高烟农售烟公允度和烟叶收购自动化水平。

第八，强化基地单元基层队伍建设。加快收购关键岗位人岗匹配，健全完善人才培训、培养、选拔、发展机制，强化技术培训和技能鉴定，加强烟叶栽培、烘烤、分级和复烤企业"三师三手"等技术技能人才培养使用，打通基层人才成长通道。

目 录 CONTENTS //////////////

第1章 引　言

1.1　研究背景和意义

　　发展现代农业，是以科学发展观统领农村工作的必然要求，是顺应我国经济发展的客观规律，符合当今世界农业发展的一般规律。推动现代农业建设不仅是转变经济增长方式、全面建设小康社会的重要内容，也是增加农民收入、提高农业综合生产能力、实现乡村振兴战略的重中之重。烟叶是烟草行业发展的重要基础，是我国农业的重要组成部分。坚持烟草农业优先发展，高质量发展现代烟草农业是烟草行业落实乡村振兴战略，推进烟叶产区乡村振兴的重要举措。推动现代烟草农业发展，转变烟叶生产方式也是缓解烟叶产区资源环境约束，优化烟叶产区生产要素配置，改善烟叶生产结构，提高烟叶质量，增加优质烟叶有效供给能力，确保烟叶生产稳定发展的有效途径，也是改善烟叶产区生产生活条件，提高烟农种烟收入，促进烟农增收致富的关键举措。

　　2007年国家烟草专卖局明确提出现代烟草农业建设的重大历史任务，确定"一基四化"基本思路，制定具体政策措施，加快推进传统烟叶生产向现代烟草农业转变。由整村试点开始，向整乡整县试点推进。明确提出在试点中要注重培育生产主体和创新生产组织形式，注重转变生产方式和改革业务管理模式，注重构建工商合作机制和发挥科技进步作用。经过试点，探索出以基地单元建设为载体、以完善烟叶生产基础设施为重点、以提高专业化服务水平为关键、以创新生产组织形式为突破的现代烟草农业发展思路。

经过多年建设，烟区现代烟草农业建设取得了显著成效，主要表现：首先，经过不断完善、配套和提升的烟叶生产基础设施建设，极大地改善了烟区烟农生产生活条件，提高了抵御自然灾害的能力和综合生产能力，为现代烟草农业建设打牢了基础。数据显示，截至 2015 年，行业累计投入烟叶基础设施建设资金近 1 000 亿元，建成机耕道 4.3 万千米、育苗大棚 1.6 万个，密集烤房 99.6 万座，开展土地整理 316.7 万亩*，援建水源项目 216 件。

其次，烟叶生产方式发生了很大转变。在全面推进烟叶生产基础设施建设的基础上，烟草行业努力实现烟叶生产的"规模化种植、集约化经营、专业化分工、信息化管理"，实现传统烟叶生产向现代烟草农业的转变。户均种植规模适度提升，全国户均种植烟叶达到 11 亩，比 2007 年翻一番；新型烟叶生产组织形式建立，全国有 1 884 家烟农专业合作社，烟农入社率达到 74.9%；专业化服务能力提高，亩均用工从 2007 年 37 个降至 28 个。

尽管我国的现代烟草农业建设取得了显著成效，然而我们也必须看到，我国发展现代烟草农业的进程中仍然存在诸多问题以及阻碍因素。突出表现为：在烟叶生产组织上，各个生产环节专业化分工和专业化程度还很不平衡，提升空间仍然较大；户均种植规模的提高遇到瓶颈，需要在生产组织形式上有新突破；土地租赁成本逐年提高，控制和稳定流转成本需要构

---

* 亩为非法定计量单位，1 亩≈667 平方米，下同。

建长期、稳定的土地流转契约关系；农业机械水平尤其是移栽、覆膜的机械化程度还有较大发展潜力；烟叶供需依然存在着区域性结构矛盾、等级结构矛盾、烟叶资源利用水平偏低等突出问题。库存高企与优质原料供需不平衡仍是影响行业高质量发展的瓶颈因素，烟叶资源供给质量、利用效率亟待提高。

河南省是我国烤烟发源地之一，已有百年的种烟历史，河南烟叶以"吃味醇和、香气浓郁、油润丰满、燃烧性强"的典型浓香型风格著称于世。河南浓香型烟叶是中式卷烟需求的主要优质烟叶原料，在中式卷烟中具有不可替代的作用，对我国烟草行业发展具有重要战略意义。20 世纪 80 年代以前，河南烟叶处于全国"烟叶老大"的位置，年烟叶收购量近千万担*。90 年代中后期，随着农村种植结构的调整以及生态条件的不断变化，烟叶种植规模有所下滑。进入 21 世纪以来，河南烟叶的种植规模上一定程度上止跌回升并趋于稳定，2018 年烤烟种植面积 140.13 万亩，烤烟收购量 24.95 万吨，分别占全国烤烟种植面积和烤烟收购量的 9.3% 和 11.8%。

以品牌为导向的基地单元是烟草行业贯彻"工业反哺农业、城市支持农村"方针发展现代烟草农业的主要方式，是现代烟草农业建设的载体。因此，以基地单元作为研究对象和研究主体，对河南省现代烟草农业的发展模式与运行机理进行系统总结和深入研究，厘清当前河南省烟草农业实现现代化的制约因素，科学探索河南省现代烟草农业的发展道路是夯实河南现代烟草农业发展基础，稳步提升河南烟叶供给结构，进一步改善河南浓香型烟叶质量，更好地满足中式卷烟对浓香型优质烟叶的原料需求和适应卷烟大品牌规模生产的根本要求；是河

---

* 担为非法定计量单位，1 担＝50 千克，下同。

南烟区稳规模、增效益、提升市场竞争力的迫切需要；更是持续改善河南烟区生产生活条件，有效增加烟农收入水平，实现河南烟区持续、稳定、健康发展的必由之路。此外，作为现代农业的先行者，烟草行业更为其他产业的发展积累了宝贵的经验，认真总结烟草行业在现代烟草农业建设中可供借鉴的经验，对推动全国的现代农业建设，实现我国由传统农业向现代农业的转变，助力乡村振兴与脱贫攻坚具有重要现实意义。

1.2 研究目标和内容

本研究总体目标是通过实地调研数据，利用实证分析方法对河南省整县推进的襄城县和宜阳县基地单元现代烟草农业建设效果进行科学的定量评估，构建一套具有前瞻性和对基地单元未来发展方向具有一定指导作用的综合评价体系。

根据以上目标，本研究将对以下内容进行深入研究：

（1）充分认识改革开放以来烤烟生产时空动态变化特征。对中国烤烟总产量、烤烟种植面积以及烤烟单产重心的移动轨迹进行定量研究，刻画烤烟产量重心与烤烟种植面积重心和单产重心的耦合态势，分析驱动烤烟生产重心移动的社会经济因素。

（2）全面总结和回顾现代烟草农业建设历程，合理划分现代烟草农业建设阶段，更清楚地掌握烟草农业的发展现状，认清烟草农业在大农业乃至整个国民经济中的地位。

（3）以整县推进示范县襄城县为例，对 2005 年以来烟叶生产基础设施建设变化进行详细描述，并结合烟农对烟叶生产基础设施建设的需求意愿提出未来烟叶生产基础设施的建设方向。

（4）对襄城县和宜阳县现代烟草农业基地单元建设情况进行和运行管理模式进行系统介绍和全面梳理，在此基础上进一步总结现代烟草农业基地单元建设所取得的成效。

（5）基于对河南省襄城、宜阳和登封三县（市）的实地调研数据，通过比较基地单元之间、基地单元和非基地单元在农业产出、烟叶品质、烟农收入、种植结构和烟叶生产方式等方面的差异对基地单元现代烟草农业建设效果进行描述性分析。

（6）通过双重差分（DID）方法来较为准确地评估基地单元现代烟草农业建设效果，并且建立计量模型找出可能影响基地单元现代烟草农业建设的关键因素。

（7）构建具有前瞻性和指导性的综合评价体系，并利用其对襄城县和宜阳县基地单元现代烟草农业建设效果进行综合评价。

1.3 分析方法

本研究使用的主要分析方法有：

1.3.1 对比分析方法

对比分析法是把客观事物加以比较，以达到认识事物的本质和规律并做出正确的评价。对比分析法通常是把两个相互联系的指标数据进行比较，从数量上展示和说明研究对象规模的大小，水平的高低，速度的快慢，以及各种关系是否协调。通常可以选择不同时间和不同空间的指标数值进行比较。对比分析是本研究采用的主要分析方法之一，第 4 章运用对比分析方法对不同时期、不同类型烟叶生产基础设施建设情况；第 5 章则运用对比分析方法分析了基地单元间基本烟田连片、烟叶连片种植规模、烟叶生产组织形式、机械化作业、育苗工场建设、密集烤房建设和专业化服务提供等方面存在的差异；第7章比较分析了基地单元之间、基地单元和非基地单元在农业产出、烟叶品质、烟农收入、种植结构和烟叶生产方式等方面的差异。

1.3.2 描述统计分析方法

描述统计分析方法是利用客观数据，并通过图表形式对所搜集的数据进行加工处理和显示，进而通过综合概括与分析得出反映客观现象的规律性数量特征的一种分析方法，是经济学研究中最常用的研究手段。描述统计分析可以分为集中趋势分析、离中趋势分析和相关分析三大部分。集中趋势分析主要用到的指标有平均数、中位数、众数等。离中趋势常用的衡量指标有方差、标准差、全距等。相关分析探讨数据之间是否具有统计学上的关联性，用相关系数来测量。描述统计分析方法也是本研究采用的分析方法之一。在第7章现代烟草农业基地单元建设效果评估及其影响因素中运用描述统计的分析方法来表征控制变量的分布特征。

1.3.3 计量模型方法

计量经济方法几乎在应用经济学的每一个分支中都相当重要。实证分析（亦称经验分析）就是利用数据来检验某个理论或估计某种关系。在某些情形下，特别是涉及对经济理论的检验时，就要构造一个规范的经济模型。计量经济模型就是将因变量与一组解释变量和未观测到的扰动项联系起来的方程，方程中未知的总体参数决定了各解释变量在其余条件不变下的效应。本研究在第二章利用面板数据模型实证分析了影响我国烤烟生产时空格局变化的因素。

近年来，新的数据类型，面板数据（有时又称为纵向数据）的出现，提供了经济系统信息的丰富来源，使得经济实证研究增加了不少亮色，而最近二十年来对面板数据的理论研究和实证应用也得到迅猛发展（Baltagi，2002；Hsiao，2003；等），对面板数据的分析成为计量经济学文献中最有活力和创造性的主题之一，其部分原因在于面板数据为估计方法和理论结论的进展提供了重要的环境（Green，1996）。

和传统的截面数据模型或时间序列模型相比，面板数据模型存在一些明显优势，Baltagi（2002）和 Hsiao（2003）等都作了非常详细的介绍。总结来说，面板数据模型提供了更多的数据信息，增加了自由度，并减少了解释变量的共线性，从而得到更为有效的估计量。面板数据模型可以分析单纯截面数据和时间序列数据无法分析的重要经济问题。面板数据模型有时可以简化计算和统计推断。比如，非平稳时间序列线性模型的大样本理论表明，当 T 趋于无穷大时，OLS 或 MLE 估计量不是渐进正态分布的，常用的检验统计量行为经常需要通过模拟来得到，如 Wald 就不是渐进卡方分布了（Dickey and Fuller，1979，1981；Phillips and Durlauf，1986）。

更为重要的是，面板数据模型可以用来有效地处理遗漏变量（omitted variable）的模型错误设定问题。我们知道，如果一般线性模型遗漏了一些本该放入模型的变量，而这些变量和模型的一些解释变量相关，模型会存在内生性，即模型的随机扰动项和解释变量相关（遗漏的变量自然包括在随机扰动项中），所以模型的 OLS 估计量会有偏且不一致。

面板数据的模型框架为：

$$y_{it} = \beta_1 x_{it1} + \beta_2 x_{it2} + \cdots + \beta_k x_{itk} + \alpha_i + \mu_{it}$$

其中，随机扰动项 α_i 称为个体效应或个体不可观测的异质性，而 μ_{it} 是随时间和个体变化的特异性误差。对于面板数据，最常用的模型是固定效应（fixed effects）模型和随机效应（random effects）模型。当非观测效应 α_i 与每一个解释变量都不相关 $[Cov(x_{itj},\alpha_i) = 0]$，则面板数据模型为一个随机效应模型，而当我们允许 α_i 与任何时期的每一个解释变量有任意的相关关系时，面板数据模型为一个固定效应模型。关于采用固定效应模型还是随机效应模型，Hausman（1978）提出了一个设定检验。这个检验的基本思想是，在无相关性的假设之下，固定效应模型和随机效应的参数估计都是一致的，但固定效应模型估计是非有效的，而在对立假设下，固定效应模型估计是一致的，但随机效应模型是非一致的。因此，在原假设下，固定效应模型估计和随机效应模型估计不应该有系统性差别。而 Wooldridge（2002）则认为采用固定效应模型还是随机效应模型取决于 α_i 是随机变量还是固定参数。对于传统的微观面板数据应用来说，从截面维度随机抽取了大量的个体作为样本，从而得到随机变量 y_{it} 和 x_{it}，此时把 α_i 视为和 y_{it}、x_{it} 一样的随机变量更为合理。

此外，本研究在第 7 章中还用到了双重差分分析方法（Difference in Difference，DID）。双重差分（倍差）分析方法来源于计量经济学的综列数据模型，是政策分析和项目评估中广为使用的一种计量经济方法。在第 7 章中我们利用双重差分分析方法对基地单元现代烟草农业建设效果进行了定量评估，并对双重差分分析方法做了详细介绍，在此不再赘述。

第 2 章 现代农业和现代烟草农业发展理论及其实现路径

2.1 现代农业和现代烟草农业的内涵、特征及发展阶段

　　农业的现代化被认为是由传统农业向现代农业转变的过程。美国著名农业经济学家西奥多·舒尔茨（1964）在《改造传统农业》一书中指出：发展中国家经济增长依赖于农业的迅速稳定增长，而传统农业不具备迅速稳定增长的能力，其根本出路还在于把传统农业改造成为现代农业。他进一步指出，改造传统农业的出路在于引进新的现代农业生产要素，关键是以"促进技术变化"和对农民进行人力投资推动传统农业向现代农业转变，使农业成为经济增长的源泉。

　　美国著名农业发展经济学家梅勒（1966）根据发展中国家农业发展的现实情况和具体特点，提出"梅勒农业发展阶段理论"。该理论将农业发展划分为三个阶段：①传统农业阶段：以技术停滞、生产增长主要依靠传统投入为特征；②低资本技术农业阶段：以技术的稳定发展和运用、资本使用量较少为特征；③高资本技术农业阶段：以技术的高度发展和运用、资本集约使用为特征。

　　日本著名经济学家速水佑次郎和弗农·拉坦在 1971 年提出了以农业技术和制度变迁理论为基础的农业发展理论。1985 年，他们又进一步提出了一个完整的农业发展模型，即

在任何一个经济中，农业的发展都要依赖于四个基本要素的相互作用，这四个基本要素包括资源禀赋、文化禀赋、技术和制度。速水佑次郎还根据日本经济发展的实践，于1988年提出了"速水农业发展阶段论"。该理论同样把农业发展分为三个阶段：以增加生产和市场粮食供给为特征的发展阶段，提高农产品产量的政策在该阶段居于主要地位；以着重解决农村贫困为特征的发展阶段，通过农产品价格支持政策提高农民的收入水平是这个阶段农业发展的主要政策；以调整和优化农业结构为特征的发展阶段，农业结构调整是这一阶段农业政策的主要目标。

近年来我国学者围绕现代农业的内涵做了很多的研究，较有代表性的有：黄祖辉等（2003）认为，现代农业是在国民经济中成为具有较强竞争力的现代产业，是发达的科学农业，是用现代科学技术、现代工业提供的生产资料和用现代组织管理方法来经营的社会化、商品化农业，也是人口、资源、环境、经济协调的、可持续的农业。张晓山（2007）强调了现代农业的先进性，认为"现代农业是指处于一个时期和一定范围内具有现代先进水平的农业形态。具体就是指用现代工业力量装备的、用现代科学技术武装的、以现代管理理论和方法经营的、生产效率达到现代先进水平的农业。"陈锡文（2012）指出区别于传统农业，现代农业具有三个标志性特征：新的能源和物质大规模进入农业、运用现代科技和大工业提供技术的能力不断增强、形成一套从实际出发、能效较高、对农业进行支持保护的体系。2007年中央1号文件则从现代农业的基本要求和实现途径的角度概括了现代农业的内涵，即："要用先进的物质条件装备农业，用现代科学技术改造农业，用现代产业体系提升农业，用现代经营形式推进农业，用现代发展理念引领农业，用培养新型农民发展农业，提高农业水利化、机械化和信息化水平，提高土地产出率、资源利用率和农业劳动生产率，提高农业素质、效益和竞争力"，并以此作为我国政府发展现代农业的战略思想和指导方针。

文丰安（2020）则认为农业的现代化，实际上是由传统农业向现代农业转变的过程。以传统农业为基础，利用现代化的科学技术与生产手段装备农业，以先进的组织方法和经营理念管理农业，不断提高农业参与主体的科学文化素质，把落后的农业逐步改造为符合社会发展需要的高质量农业。在实现这一过程中，需要多方主体共同参与，这其中包括农业产业体系、农业生产体系、农业经营体系以及农业科技创新等方面的融合发展、相互促进，共同形成一个健康发展的有机整体（夏显力等，2019）。

国内学者也针对中国国情提出了不同的农业发展阶段划分标准。农业部软科学委员会课题组（2001）从农业发展的供求关系、生产目标和增长方式角度，将中国农业发展划分为三个阶段：①农产品供给全面短缺，以解决温饱为主，主要依靠投入的数量发展阶段；②农产品供求基本平衡，以提高品质、优化结构和增加农民收入为主，注重传统与资本、技术集约相结合的结构战略性调整阶段；③农产品供给多元化，以提高效率、市场竞争力和生活质量为主，高资本集约和信息集约的现代农业发展阶段。张冬平（2008）在对现代农业发展的层次递进理论进行阐述的基础上，认为我国农业现代化体现为两个层次，即以农业机械化、农业电气化、农业化学化和农业水利化为特征的第一次农业现代化进程；以农业标准化、农业信息化、农业科技化、农业生物化、农业设施化、农业产品化和与之相配套的管理现代化等为特征的第二次农业现代化进程。蒋和平（2009）对中国农业现代化发展不同阶段进行了定量分析，将中国农业现代化发展划分为 5 个阶段，并根据 14 个特征值进行具体测算，对我国农业现代化发展的总体水平进行评价，并提出分地区、分阶段、分层次推进中国特色农业现代化建设的构想。王国敏和周庆元（2013）对我国内地 31 个省市区的农业现代化发展水平和发展速度进行了梯度划分，发现我国各地区的农业现代化发展水平和发展速度呈现显著的梯度差异性，非均衡发展的特征明显。

烟叶是烟草行业发展的重要基础，是我国农业的重要组成部分，发展现代烟草农业是烟草行业参与社会主义新农村建设的重大历史任务（国家烟草专卖局，2010）。按照中央发展现代农业的战略思想和指导方针，2007 年 10 月国家烟草专卖局在《关于发展现代烟草农业的指导意见》中提出了发展现代烟草农业的基本思路、总体要求和主要任务，指出发展现代烟草农业，要用现代物质条件装备烟草农业，用现代科学技术改造烟草农业，用现代产业体系提升烟草农业，用现代经营形式推进烟草农业，用现代发展理念引领烟草农业，用培养新型烟农发展烟草农业。李玉宝等（2019）指出现代烟草农业的内涵应以减工、降本、增效、提质为目标，以创新烟草生产模式为核心，以满足广大烟农利益为出发点，最终实现国家利益至上、消费者利益至上。

2.2 现代农业发展评价

构建客观、科学的现代农业发展评价指标体系，不仅可以真实地反映我国现代农业发展水平，对我国现代农业发展态势和方向做出准确地判断，而且还可以进一步调动地方政府发展现代农业的积极性，引导各地政府适时地调整发展现代农业的思路，明确各地现代农业发展的主攻方向，促进我国现代农业又好又快地发展（蒋和平、辛岭，2012）。

柯炳生（2000）提出中国基本实现农业现代化的三项参考指标体系，分别是农业外部条件、农业本身生产条件和农业生产效果，并将农业现代化的阶段性标准分为起步标准、初步实现农业现代化标准和基本实现农业现代化标准。屈晓菁（2014）从农业生产投入条件、农业综合产出水平、农村社会发展水平以及农业发展资源条件4个方面来衡量湖南省农业现代化发展综合水平。张珊（2018）从粮食供给保障水平、农业生产结构、农业效益、农业可持续发展、农业支持保护、农业装备与技术、农村生产与生活等7个方面对宁夏现代农业的发展水平进行了细致考察。包宗顺等（2000）采用层次分析法，设计了包括社会效益、生产条件、高效产出、组织程度、市场化和可持续性6个基本因素的评价指标体系，并以此测算了江苏省及苏南、苏中、苏北3个区域的农业现代化水平。黄祖辉等（2003）则以农村耕地面积、灌溉率、单位面积耕地化肥使用量、单位面积耕地占有拖拉机数量、每个农业劳动力生产的农业增加值率、单位面积耕地谷物产量和农业劳动力文盲率为主要评价标准，就全国各省市区农业现代化水平进行了定量分析与评价。

关于对中国现代农业发展水平评价的主要方法可以总结为以下几种：

第一，灰色关联分析法。朱春江等（2016）将灰色关联理论和系统聚类方法结合起来进行现代农业及农村新型科技服务能力评价，先运用灰色关联理论将现代农业及农村新型科技服务能力指标进行简化，再运用系统聚类模型对江苏省连云港市所辖县区的现代农业及农村新型科技服务能力进行聚类分析。李丽纯（2013）从收益—成本维度构建农业现代化效益水平评价指标体系，利用灰色优势分析法对各评价指标进行赋权来对中国农业现代化效益水平进行测度，分析中国农业现代化成就与代价。何晓瑶（2020）以内蒙古自治区为例，构建基于熵值—TOPSIS 模型的现代农业发展评价体系，通过分析 2010—2018 年内蒙古自治区现代农业发展总体得分值变化趋势和达标率变化趋势，评价该区域现代农业发展水平。

第二，随机前沿生产函数模型评价方法。李翔和杨柳（2018）从华东六省省级面板数据出发，运用随机前沿生产函数模型，将农业全要素生产率增长分解为技术进步、技术效率、规模效率和要素配置效率变化四个部分，测度各部分变化趋势，分析农业发展过程中存在的问题。刘晗、王钊和姜松（2015）基于对农业全要素生产率的四重分解，构建包含土地、资本、劳动在内的前沿生产函数，实证测度我国农业全要素生产率增长，分析了技术进步、技术效率、规模效应和配置效应。全炯振（2009）使用 1978—2007 年的省级面板数据，运用非参数 Malmquist 生产率指数模型和参数随机前沿函数模型结合起来的 SFA-Malmquist 生产率指数模型，测算了中国各省份及东部、中部、西部地区的农业全要素生产率（TFP）变化指数，并分析了其时序增长与空间分布特征。应用随机前沿生产函数方法对我国烤烟生产效率的研究还较少。袁庆禄、蒋中一（2010）利用烤烟生产成本收益数据的分析发现，我国烤烟生产的技术效率总体上较为稳定，但是烤烟主产区（除河南省）的技术效率普遍较低。

第三，运用 DEA 数据包络分析方法。李欠男等（2019）

基于 DEA-Malmquist 指数方法，测算了 1978—2015 年我国农业全要素生产率增长及其构成，发现中国农业全要素生产率增长主要是由技术进步驱动，而技术效率存在恶化的现象。周鹏飞、谢黎和王亚飞（2019）采用 DEA-Malmquist 指数法和两步系统 GMM 模型对 2007—2016 年我国 30 个省份的农业 TFP 的变动轨迹及驱动因素进行研究发现：我国农业 TFP 年均增长率为 3.1%，对第一产业总产值增长的贡献率为 78.43%；农业 TFP 的增长呈现出技术进步和技术效率改善双轮驱动的良性格局；农业 TFP 增长率及其对第一产业总产值增长的贡献率均呈现出中部大于西部、西部大于东部的事实特征。高帆（2015）利用 DEA-Malmquist 指数法分析 1992—2012 年我国 31 个省份农业 TFP 的演变趋势及影响因素。研究显示，我国农业 TFP 的年均增长率为 3.1%，对第一产业 GDP 年均增长率的贡献度为 79.21%；技术进步是引致我国及各省份农业 TFP 变动的主要因素，东部、中部和西部的农业 TFP 依次下降，1993 年以来各省份的农业 TFP 不存在 σ 收敛；人力资本含量、灌溉面积占比、工资性收入占比和农业财政支出占比对农业 TFP 有正面影响，而农业产值占比、粮食播种面积占比具有约束作用，这些因素的趋势性变化引致了区域农业 TFP 的发散格局。唐江云等（2018）采用扩展的 DEA 模型，探讨 2008—2014 年四川省烤烟生产效率及其变动趋势，发现四川烤烟生产技术效率有效而规模效率低下。

　　有关现代烟草农业发展的评价研究目前还相对较少。王林等（2010）以卷烟工业企业烟叶原料、质量、结构需求为中心，从基地单元烟叶生产能力、烟叶供应能力、烟叶感官质量和烟叶内在质量等 4 个方面根据专家打分构建了烟叶基地单元现代烟草农业发展水平的综合评价模型。

2.3　现代农业发展影响因素

蒋和平、辛岭和崔奇峰（2012）认为我国建设现代农业的制约因素主要有：农业科技进步难以满足农业发展的现实需要；农业生产的资源性矛盾突出，农业生产规模狭小，劳动生产率低；农业基础设施和物质装备水平低；政府对农业的投入有待继续增加；农民素质整体低，从事农业生产的人力资源不足。付华、李萍（2020）认为在我国农业现代化的动态演进过程中，农业机械化是农业现代化的重要表征，反映出不同发展时期的阶段性特征，对于稳定粮食和农业生产具有重要影响。孟令波（2015）认为基层农机推广服务体系的主要作用是推广农业机械的应用技术，从而达到农业增产，使农业发展更进一步，该体系对于现代化农业来说是极为重要的一部分，但是我国现今的基层农机推广服务体系仍存在较大的问题和漏洞，阻碍了现代农业的发展进程。

由于不同地区在地理位置、经济发展水平等诸多方面存在的差异，导致影响各地区农业现代化的因素可能存在一定差异。陈江涛、张巧惠和吕建秋（2018）对我国省域农业现代化水平及其影响因素进行了实证分析，研究发现我国农业现代化发展呈现较强的空间集聚性，我国东部地区、中部地区及西藏、新疆地区的农业现代化程度较高，西部地区，特别是中西部交接地带的农业现代化程度较低，人均固定资产投入以及基础设施建设对农业现代化发展有显著正影响。安晓宁、辛岭（2020）从农业生产现代化、农业经营管理现代化、农业质量效益现代化、农村社会经济现代化、农业生态环境现代化5个维度分析了中国农业现代化发展的时空特征与制约因素。研究表明：东部地区农业生产现代化子系统发展水平较低，中部地区农业生态环境现代化子系统发展水平较低，西部地区农业质量效益现代化子系统发展水平较低，东北地区农村社会经济现代化子系统发展水平较低。

也有一些学者对制约粮食主产区现代农业发展的因素进行了较为深入的研究。黑龙江省社会科学院课题组（2013）指出黑龙江省农业现代化发展的制约因素主要有农业产业化程度不高、农业生产要素投入不足、新型农业服务体系不健全、农民受教育程度低等。姚成胜、胡宇和黄琳（2020）的研究发现，制约江西个地市农业现代化发展的关键障碍因素已由1990—2000 年的劳均农业机械总动力和农村人均用电量，逐渐转变为 2010—2015 年的户均耕地面积、地均化肥和农药施用量。张香玲等（2017）认为地理区位、产业结构、区域资源和区域政策是影响河南省各县（市）现代农业发展的重要因素。

2.4　现代农业实现路径

对传统农业的改造必须要借助于现代生产要素。舒尔茨指出农业技术对农业生产的重要性，并且特别强调要增加对农民的人力资本投资（舒尔茨，1956）。新制度经济学派代表人物拉坦和速水佑次郎从寻求世界各国农业生产和资源利用的变化规律出发，论述了技术与制度对农业发展的贡献，并提出农业发展的诱致性变迁模型。他们认为农业技术的变革过程是农业发展经济制度的内生变量，而不是独立与其他发展过程的外生变量，一国农业增长选择怎样的技术进步道路，取决于该国的资源禀赋状况，是人们对资源禀赋变化和需求增长的一种动态反映。国外早期对农业发展阶段和农业发展路径的经典论述，丰富了农业发展的理论与方法，是现代农业发展阶段划分与路径选择的重要参考。

我国人多地少，农业生产投入缺少专用性投资，农业劳动力兼业性特点突出，因此，有学者主张中国走依靠生物化学技术进步的土地节约型发展道路（林毅夫，1997；罗必良，2014）；还有学者主张我国农业走规模化和产业化道路，以此来提高农业生产要素效率（国务院发展研究中心课题组，2009；黄祖辉，2003）。同时，土地的细碎化阻碍了农业机械化生产的发展，降低了农业生产规模经济效益，也降低了粮食产量（钟甫宁、王兴稳，2010；许庆等，2011）。所以培育农地市场、促进土地流转，被认为是实现中国适度规模经营、促进农业技术采用、提升农地资源配置效率和农业劳动生产率，促进传统农业向现代农业发展的必然选择（张曙光，2010；黄季焜等，2012）。

有关中国现代农业实现路径的研究可以具体从以下几个角度来看：

1. 土地适度规模经营角度

罗必良（2019）小规模格局难以激发农户的农业经营热情，导致显著的离农化倾向，而且，农地的小规模及细碎化，必然导致规模不经济。许经勇（2015）提出在坚持土地集体所有前提下，实现所有权、承包权、经营权三权分置，形成土地经营权流转格局，培育新型农业经营主体，发展农业适度规模经营，是实现我国从传统农业向现代农业转变的必由之路。钟水映、王雪和肖小梅（2013）认为应重塑土地等农业生产要素重组的微观基础，形成农村人口的退出机制，促进农业生产的适度规模经营的实现：一是在现有的家庭承包基础上，通过农户间的土地使用权自愿流转，农地经营者不断扩大生产规模；

二是农户以土地使用权的物权化为基础，形成股份制、股份合作制等联合体，或者退出农村的农户以利益补偿永久性向联合体让渡土地使用权而形成较大规模的经营实体。

2. 发展农业现代服务业

罗必良（2020）指出，在农地经营权的产权细分、农户生产经营活动卷入分工与生产性服务外包的前提下，农业的土地规模经营就可以扩展为服务规模经营。将农业家庭经营卷入分工经济，发展多样化的服务规模经营，是现阶段顺应中国农业经营方式转型、实现农业现代化发展的重要路径。潘锦云、杨国才和汪时珍（2013）指出农业现代服务业不仅能够提供产业制度的最新安排，而且可以借助自身的现代科技和信息技术，实现三产互动和耦合发展。农业现代服务业应坚持市场自发、产业耦合和技术共享等发展原则，同时在产业、技术、市场等制度安排和发展路径上为农业现代服务业发展铺平道路。刘洋、余国新（2020）指出中国农业的现代化就是中国小农的现代化，而中国小农现代化的关键在于依靠农业社会化服务，通过农业分工促进农业生产专业化、农户组织化、服务规模化，帮助农户节本提质增效，逐步实现农业现代化。

3. 培育新型经营主体

万宝瑞（2014）提出发展现代农业要培育新型农业经营主体，加强土壤污染防治工作，保障农业的可持续发展。张红宇（2015）提出在新常态下现代农业发展的制度和政策要创新，包括土地制度改革要坚持稳定和放活并重，改革经营制度的目标是构建新型农业经营体系，培养新型职业农民的关键是让务农有准入有收益有尊严，政府行为引导要义是在新常态下实现有效作为。陈晓华（2020）指出在我国人多地少、小农占绝大多数的条件下，只有扶持新型农业经营主体发展壮大，才能促进小农户与现代农业有机衔接，走出一条中国特色的农业现代化道路。钱煜昊和武舜臣（2020）认为对各类新型农业经营主体区分管理，是摆脱新型农业经营主体发展困境的关键，也是有效保障我国粮食安全和促进农业现代化建设的必由之路。李耀锋、熊春文和尹忠海（2020）透过嵌入性理论视域对江西省石城县新型农业经营主体带动小农户发展经验的提炼总结，指出对乡土社会发展多重嵌入性的新型农业经营主体，将在我国治理小农户相对贫困与实现乡村振兴中发挥独特而关键的经济与社会功能，是实现农业农村现代化及乡村振兴的重要依靠力量。

目前关于现代烟草农业实现路径的研究已经渐渐显露。欧阳涛等（2010）在对湖南现代烟草农业建设进展和存在问题研究基础上，提出现代烟草农业应立足烟叶种植、烟农工作和烟叶生产基础设施的"三维"发展模式。苏新宏等（2010）在现代烟草农业建设背景下，考察了烟农的种烟意愿和行为特征，从烟农视角分析和查找影响烟叶生产稳定发展的障碍因素，并提出培养新型烟农、推动土地合理流转等发展现代烟草农业的对策。唐莉娜、陈顺辉（2009）认为发展现代烟草农业必须按照建设资源节约型、环境友好型行业的总体要求，围绕烟叶生产安全、资源高效利用和环境友好三大主题开展现代烟草农业建设工作，走循环农业之路。

综上所述，学术界关于现代农业的研究成果总体来说较为全面和丰富，从概念界定、发展阶段、现代农业发展评价、现代农业发展影响因素到现代农业的实现路径等多个方面，深化了本研究对现代农业的认知，为进一步研究现代烟草农业发展拓展了思路，提供了很好的理论和实证分析范式，奠定了本书研究的逻辑起点。然而，我们也看到，有关现代烟草农业的研究还不够深入，已有的研究多以宏观层面的定性研究为主，缺乏对微观主体现代烟草农业建设现状和成果的深入认识，缺乏对微观主体现代烟草农业发展水平全面而系统的评价。

　　有鉴于此，本研究通过实地调研数据，对河南省整县推进的襄城县和宜阳县基地单元现代烟草农业建设现状进行系统梳理，在此基础上利用实证分析方法对基地单元现代烟草农业建设效果进行科学的定量评估，并构建一套具有前瞻性和对基地单元未来发展方向具有一定指导作用的综合评价体系，来对基地单元现代烟草农业建设效果进行全面而客观的评价。

第3章 改革开放以来中国烤烟 生产区域变化及趋势

中国是世界烤烟生产第一大国，常年烤烟种植面积 100 多万公顷，烤烟年产量达 200 多万吨（王彦亭、谢剑平和李志宏，2010）。烤烟是我国重要的经济作物，也是烟草行业赖以生存和发展的基础，烤烟生产的可持续发展事关行业发展全局。改革开放 30 多年来，随着各省市区工业化、城镇化以及农村经济发展的不平衡，生产要素（如劳动和土地等）的相对价格和比较利益表现出明显的区域性差异（郭丽英、李刚，2013）。与此相伴随的是，具有投入大、风险高、用工多、强度大、周期长、环节多、技术密集等特点的烤烟生产格局发生了重大变化，烤烟生产的新格局日益显现出来。因此，充分认识烤烟生产时空动态变化特征，适时把握和尊重烤烟生产区域变迁规律，对于合理配置烤烟生产资源，科学有效地制定烤烟生产扶持政策，促进烤烟生产持续稳定发展具有重要意义。

目前，学术界对中国粮食和一些经济作物生产的区域格局变化及其特征进行了丰富的研究。譬如，刘彦随等（2009）通过分析 1990—2005 年中国粮食生产的区域变化特征，揭示了粮食生产"北进中移"的态势。王介勇、刘彦随（2009）从资源、技术、政策等方面分析了粮食生产区域格局变化的驱动因素。钟甫宁、刘顺非（2007）发现，改革开放以来中国水稻生产"由南向北"迁移明显，不同地区间水稻与替代作物的净收

益差异是引起这种变化的主要原因。王志丹等（2014）则在对
2001—2011 年甜瓜生产区域比较优势进行测度与分析的基础
上，从地理区域和省域层面划分了中国甜瓜产业的优势主产
区。已有研究所取得的成果为系统而深入研究烤烟生产格局变
迁提供了有价值的借鉴。本书通过构建重心拟合模型，对改革
开放以来中国烤烟总产量、烤烟种植面积以及烤烟单产重心的
移动轨迹进行定量研究，刻画烤烟产量重心、烤烟种植面积重
心和单产重心的耦合态势，并通过面板数据模型着重分析驱动
烤烟生产重心移动的社会经济因素。

　　本章主要包括以下几个方面的内容：第一部分为改革开放
以来中国烤烟生产区域变化的总体趋势；第二部分是中国烤烟
生产重心演变轨迹；第三部分是烤烟生产重心移动的驱动机制
分析；第四部分为主要结论和政策启示。

3.1　中国烤烟生产区域变化趋势

　　改革开放以来，我国烤烟生产发展迅速，烤烟总产量总体
上呈现波动性上升趋势（图 3 - 1）。1978 年烤烟总产量为
105.7 万吨，2012 年增加到 312.6 万吨，增加了 206.9 万吨，
增加了近 2 倍（1.96 倍），年均增长率为 3.2%。与此相伴随
的是中国烤烟生产格局发生的重大变化。

　　我国烤烟种植区划分为西南烤烟种植区（包含云南、贵州
和四川 3 省）、东南烤烟种植区（含广东、广西、福建、江苏
和江西等省区）、长江中上游烤烟种植区（含湖南、湖北两
省）、黄淮烤烟种植区（含山东、河南、安徽三省）和北方烟
草种植区（含辽宁、黑龙江、河北、内蒙古、山西、陕西、甘
肃、宁夏、新疆等省区）等 5 个一级烤烟种植区。从我国烤烟

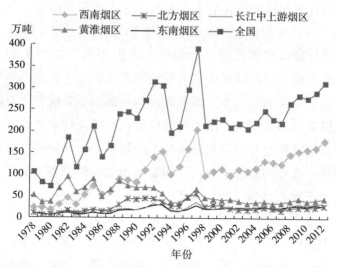

图 3-1 1978—2012 年中国烟区烤烟产量变化

生产区域特征上看，西南烟区烤烟生产对全国烤烟产量贡献越来越大，自 20 世纪 80 年代中期就取代黄淮烟区成为我国第一大烤烟生产区域。从 1978 年到 2012 年，西南烟区烤烟产量增加了 154.9 万吨，对全国烤烟产量的贡献率高达 74.9%。同期，长江中上游烟区、东南烟区和北方烟区的烤烟产量也有所增加，分别增加了 24.49 万吨、17.6 万吨和 17.2 万吨，贡献率分别为 11.5%、8.5% 和 8.3%。

然而，作为最早的烤烟主产区黄淮烟区烤烟产量在 1978—2012 年间减少了 7.4 万吨，尤其是自进入 1990 年开始黄淮烟区烤烟产量连续减产，到 2003 年跌至 33.2 万吨，是 1978 年以来的历史第二低值。尽管此后黄淮烟区烤烟生产出现了恢复性增长，但是 2012 年烤烟产量也仅比 2003 年增加了 33.9%。

种植面积和单位面积产量是决定烤烟产量的直接因素。

1978—2012 年全国烤烟种植面积和单产水平都有一定程度的提高。烤烟种植面积由 1978 年的 612.9 千公顷，增加到 2012 年的 1 480.5 千公顷，增加了 1.4 倍，平均每年增加 2.6%；与此同时，烤烟单位面积产量提高由 1978 年的每公顷 1 716.9 千克，提高到 2012 年的每公顷 2 112 千克，每公顷增加了 395.1 千克，平均每年每公顷增加 11.6 千克。

烤烟种植面积和单产水平的变化趋势表现出较为明显的区域特征。西南烟区烤烟种植面积增长最快，增长幅度最大。西南烟区烤烟种植面积由 1978 年的 147 千公顷增加到 2012 年的 904.8 千公顷，增加了 757.8 千公顷，平均每年增加 22.3 千公顷，年均增速为 5.5%。长江中上游烟区、东南烟区和北方烟区烤烟种植面积也有不同程度的增加，但增长速度较慢，年均增速分别为 2.4%、2.3% 和 1.1%。与其他烟区不同，黄淮烟区烤烟种植面积有所减少，由 1978 年的 257.6 千公顷减少到 2012 年的 178.3 千公顷，共减少了 79.3 千公顷，平均每年减少 1.1%。

在 5 个烟区中，东南烟区和北方烟区烤烟单产水平提高相对较快，分别由 1978 年的 1 086 千克/公顷和 1 693.3 千克/公顷增加到 2012 年的 2 334.8 千克/公顷和 3 118.2 千克/公顷，分别提高了 115% 和 84.1%；同一时期，黄淮烟区和长江中上游烟区单产水平提高则相对较慢，分别只有 38.6% 和 52.5%。

3.2 中国烤烟生产重心演变轨迹

3.2.1 中国烤烟生产重心演变轨迹

1. 研究方法与数据来源

重心概念源于物理学，是指在空间上存在某一点，在该点前后左右各方向上的力量对比保持相对均衡。重心模型是研究区域发展过程中要素空间变动的重要分析工具。由于区域发展是要素集聚与扩散的过程，各要素的重心位置处于不断变动之中，要素重心的移动反映了区域发展的空间轨迹。人口重心模型（王桂新、徐丽，2012）、经济重心模型（叶明确，2012）以及生产重心模型（孙磊、张晓平，2012；郭丽英、李刚，2013）是区域经济中常用的分析模型。为了进一步揭示中国烤烟生产区域变迁的具体过程及其数量关系，本书依据重心模型理论，借鉴相关研究成果，构建了区域烤烟生产重心拟合模型，基本模型如下：

$$\begin{cases} X_t = \dfrac{\sum_{i=1}^{n} x_i \cdot W_{it}}{\sum_{i=1}^{n} W_{it}} \\ Y_t = \dfrac{\sum_{i=1}^{n} y_i \cdot W_{it}}{\sum_{i=1}^{n} W_{it}} \end{cases} \tag{1}$$

式（1）中，x_i 为第 i 个省份中心的经度坐标，y_i 为第 j 个省份中心的纬度坐标。W_{it} 第 i 个省份在第 t 年的烤烟产量（烤烟种植面积、单产），X_t 和 Y_t 则分别为第 t 年全国烤烟产量（种植面积、单产）重心 P_t 的经度和纬度坐标。设第 t 年、$t+m$ 年的全国烤烟产量（种植面积、单产）的重心坐标分别为 $P_t(X_t，Y_t)$、$P_{t+m}(X_{t+m}，Y_{t+m})$，那么，重心 P_t 向 P_{t+m} 移动方向模型为：

$$\theta_m = \arctan[(Y_{t+m} - Y_t)/(X_{t+m} - X_t)] \tag{2}$$

重心移动距离模型为：

$$d_m = c \cdot \sqrt{(X_{t+m} - X_t)^2 + (Y_{t+m} - Y_t)^2} \tag{3}$$

在重心移动模型中，c 为常数（$c=111.111$），为地球表面坐标单位（度）转化为平面距离（千米）的系数。

　　根据重心计算公式，本研究计算了从 1978 年到 2012 年连续年份的全国烤烟产量、烤烟种植面积和烤烟单产水平的重心年度变化量[①]，并绘制了烤烟生产重心演变轨迹（图 3-2，图 3-3 和图 3-4）来直观表现其变迁过程。为了更清楚地刻画烤烟生产重心的演变轨迹和趋势，按照烤烟产量的变化情况将 1978 年以来烤烟生产大致划分为 4 个阶段：第一阶段，1978—1985 年，为烤烟产量稳定增长时期；第二阶段，1985—1997 年，烤烟产量螺旋上升时期，并在 1997 年达到 1978 年以来的历史最高值；第三阶段，1997—2003 年，烤烟产量稳步下降时期；第四阶段，2003—2012 年，烤烟产量进入恢复性增长时期。表 3-1、表 3-2 和表 3-3 分别列出了代表性年份（分别是 1978 年、1985 年、1997 年、2003 年和 2012 年）烤烟产量、烤烟种植面积和单产的重心坐标、重心移动方向以及重心移动距离和速度。

2. 烤烟产量重心演变轨迹

　　由图 3-2 可以看出，改革开放的 30 多年来，我国烤烟产量重心由中部向西南方向移动趋势明显。1978 年烤烟产量重心经度 113.03°纬度 32.19°，落在黄淮烟区河南省南阳市境内。2012 年烤烟产量重心移至西南烟区贵州省铜仁市境内，重心坐标为经度 108.70°纬度 29°。1978—2012 年烤烟产量重心向西南方向移动了 32.8°，移动距离为 654.1 千米，其中向西移动 549.3 千米，向南移动 354.7 千米，平均每年向西南方向移动 19.2 千米。这说明西南烟区烤烟产量的增长速度已经超过其他地区，并对全国烤烟产量起到明显的拉动作用。

---

　　① 考虑 1988 年海南建省以及 1997 年重庆设立直辖市，为了剔除这两次省级区划调整的影响并保持前后数据的完整性和一致性，我们将海南省和重庆市的数据分别合并到广东省和四川省。

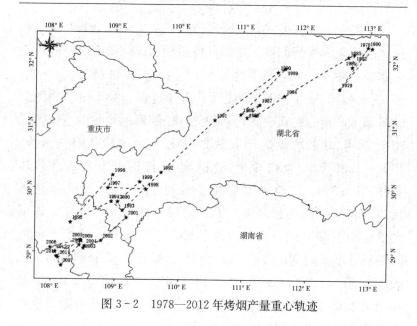

图 3 - 2　1978—2012 年烤烟产量重心轨迹

　　1978—1985 年烤烟产量重心以较快的速度向河南省西南方向移动。这一时期烤烟产量重心向西偏南 15.4°方向移动，移动距离为 243.3 千米。其中东西跨度为 1.81°，移动距离为 201.1 千米；南北跨度为 1.05°，移动距离 116.7 千米；平均每年的移动速度为 34.8 千米，移动速度较快。1985—1997 年烤烟产量重心加速持续朝着西南方向移动，并逐渐移出河南省，落在湖北省境内。这期间烤烟产量重心向西偏南 14.98°方向移动了 369.9 千米，其中向西移动 256.7 千米，向南移动 127.8 千米，平均每年的移动速度为 30.8 千米。1997—2003 年烤烟产量重心总体上仍然向西南方向移动，但是移动速度明显减缓，烤烟产量重心主要分布在湖北省境内。这一时期烤烟产量重心向西偏南方向共移动了 56.7 千米，平均每年移动 9.5 千米。2003—2012 年间烤烟产量重心继续向西偏南方向移动，但是移动速度进一步放缓。这一阶段烤烟产量重心向西南

15.64°方向移动了 11.9 千米，平均每年移动 1.3 千米，烤烟产量重心落入贵州省境内（表 3 - 1）。

表 3 - 1　1978—2012 年烤烟产量重心的阶段性演变轨迹

年份	产量重心坐标		产量重心移动		
	经度	纬度	方向	距离（千米）	速度（千米/年）
1978	113.02°	32.19°	—	—	—
1985	111.21°	31.14°	西偏南 15.40	243.25	34.75
1997	108.90°	29.99°	西偏南 14.98	369.92	30.83
2003	108.53°	29.05°	西偏南 15.02	56.69	9.45
2012	108.07°	29.00°	西偏南 15.64	11.89	1.32

3. 烤烟种植面积重心演变轨迹

1978—2012 年各地烤烟种植面积不断地在变化，使得全国烤烟种植面积重心也逐年移动。根据图 3 - 3，1978—2012 年全国烤烟种植面积重心由河南省向西偏南 28.71°方向移动至

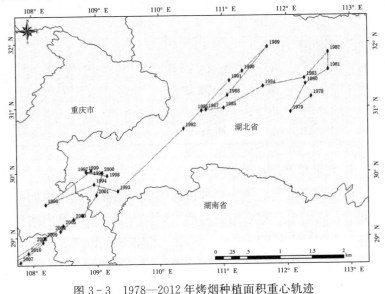

图 3 - 3　1978—2012 年烤烟种植面积重心轨迹

贵州省，移动距离为 596.7 千米，移动速度为 17.5 千米。其中向西移动 523.3 千米，向南移动 286.7 千米。

1978—1985 年烤烟种植面积重心总体表现出向西偏南 15.6°方向移动，移动距离为 104.4 千米，其中向西移动 151.1 千米，向北移动 18.9 千米，平均每年移动 14.9 千米。1985—1997 年烤烟种植面积重心以平均每年 26.3 千米的速度快速向西南 15.41°方向移动了 316.1 千米，移动到湖北省境内。1997 年以后，烤烟种植面积重心向西南方向移动速度明显减缓。其中 1997—2003 年烤烟种植面积重心向西南 15.09°方向移动了 30.5 千米，平均每年移动 5.1 千米。2003—2012 年间烤烟种植面积重心继续向西南方向移动，移动了 80.3 千米，平均每年移动 8.9 千米，移动速度有所加快（表 3-2）。

表 3-2 1978—2012 年烤烟种植面积重心的阶段性演变轨迹

年份	面积重心坐标		面积重心移动		
	经度	纬度	方向	距离（千米）	速度（千米/年）
1978	112.38°	31.16°	—		
1985	111.02°	30.99°	西偏南 15.60°	104.36	14.91
1997	108.85°	30.00°	西偏南 15.41°	316.05	26.34
2003	108.64°	29.29°	西偏南 15.09°	30.46	5.08
2012	107.67°	28.58°	西偏南 14.87°	80.28	8.92

4. 烤烟单产重心演变轨迹

在烤烟产量重心和烤烟种植面积重心明显向西南方向移动的同时，烤烟单产重心向西移动趋势较为显著，但是向南移动趋势并不明显（见图 3-4）。1978—2012 年，烤烟单产重心向西偏南 4.6°方向移动了 349.4 千米，移动速度为每年 10.3 千米。其中向西移动 277.8 千米，而向南只移动了 22.22 千米。

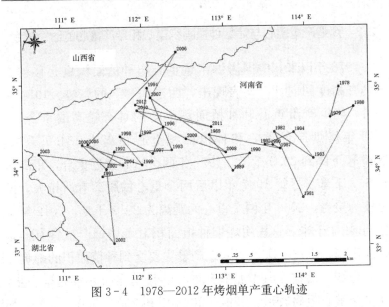

图 3-4　1978—2012 年烤烟单产重心轨迹

　　分阶段来看（表 3-3），1978—1985 年，烤烟单产重心以
10.6 千米/年的速度向西南方向移动了 74 千米。1985—1997
年继续向西南方向移动了 106.2 千米，移动速度有所减缓。
1997 年以后，烤烟单产重心移动方向发生了改变，1997—
2003 年间首先以较快的速度向西北方向移动了 110.5 千米，
移动速度为 18.4 千米/年；2003—2012 年向东北方向移动了
100 千米，移动速度为 11.1 千米/年。

表 3-3　1978—2012 年中国烤烟单产重心的阶段性演变轨迹

| 年份 | 单产重心坐标 | | 单产重心移动 | | |
	经度	纬度	方向	距离（千米）	速度（千米/年）
1978	114.41°	34.95°	—		
1985	113.50°	34.24°	西偏南 16.79°	74.01	10.57
1997	112.12°	34.14°	西偏南 16.94°	106.25	8.85
2003	110.71°	34.15°	西偏北 17.14°	110.45	18.41
2012	111.91°	34.75°	东偏北 17.25°	100.00	11.11

3.2.2 烤烟产量重心与烤烟种植面积重心和单产重心的时空耦合

1978 年以来,中国烤烟产量重心与种植面积重心移动方向具有高度同向性,均表现出"西进南移"的态势。1978 年以后,烤烟产量重心和种植面积重心的具有较高的重合性。1978 年烤烟产量重心和种植面积重心距离为 134.5 千米,1985 年下降到 26.9 千米。1997 年两个重心接近重合,距离只有 5.7 千米。尽管 1997 年以后两个重心的距离有所拉大,但也较为接近,2003 年两个重心的距离为 29.3 千米,2012 年增加到 64.4 千米。这表明烤烟种植面积对于烤烟产量具有的基础性作用,也进一步说明烤烟产量主要受到种植面积的影响。

烤烟产量重心与烤烟单产重心的移动方向并不完全同步,且两个重心距离较远。1997—2003 年和 2003—2012 年在烤烟产量重心继续向西南方向移动的同时,烤烟单产重心却分别向西偏北和东偏北方向移动,两个重心的移动方向并不一致。从距离上看,1985 年烤烟产量重心和单产重心距离最近,为428.2 千米,但也远远大于烤烟产量重心和种植面积重心之间的距离。2012 年烤烟产量重心和单产重心的距离达到 768.3千米。这反映了烤烟产量对单产的依赖程度和敏感程度并不高。

3.3 烤烟生产重心移动的驱动因素分析

烤烟生产具有土地密集和劳动密集的特点,在烤烟生产重心区域性迁移过程中,农业自然地理条件的决定性作用在慢慢减弱,而土地和劳动力等生产要素在比较优势利用基础上形成的社会经济发展综合驱动力的影响越来越突出,这些社会经济因素通过改变微观层面农户就业和农作物选择决策行为，汇总成宏观层面烤烟生产时空格局变化。

3.3.1　理论分析

1. 耕地资源禀赋差异

耕地资源是烤烟生产最重要的自然资源基础，烤烟生产重心呈现区域性迁移的直接原因是耕地及其利用方式的空间非均衡性变化。在经济发达、城镇化水平较高的地区，建设用地需求快速增加导致耕地非农占用且无法逆转（唐惠燕、包平，2012），地区耕地资源禀赋严重弱化，烤烟种植面积和产量相应有较大幅度减少。相反在一些经济欠发达、城镇化水平较低的地区，耕地面积减少相对较慢，有些西部边远省份 1988 年以后耕地甚至是净增加（李秀彬，1999），耕地资源禀赋具有一定优势，烤烟生产稳定增长。

2. 地区间经济发展水平差异

地区间经济发展水平差异是驱动烤烟生产空间格局变迁的主要原因。耕地资源是农业生产也是烤烟生产最重要的自然资源基础，从根本上约束着农产品以及烤烟的有效供给。而地区的经济发展水平是影响耕地及其利用方式的最主要因素。在经济发展水平较高的东中部省份，工业化、城镇化发展迅速，建设用地需求快速增加导致耕地非农占用，大量耕地非农化利用的趋势不可逆转，耕地面积净减少最快；而一些经济欠发达，工业化、城镇化进程较慢的西部边远省份 1988 年以后耕地基本上是净增加（郭丽英、李刚，2010）。

在经济发展水平较高的东中部地区，非农产业的快速发展带来的对非农就业的巨大需求吸引了大量优质农村劳动力从事非农产业（邓蒙芝，2017），农村劳动力从事劳动强度大的烤烟生产的积极性严重下降，最终导致烤烟生产逐渐萎缩。经济发展水平相对较低的西南地区，非农产业发展相对缓慢，由此引致的非农就业需求有限，烤烟生产仍然具有较强的吸引力，是农民收入的主要来源，烤烟生产持续稳定增长。

3. 地区间烤烟比较收益差异

烤烟生产比较收益的区域间差异是驱动烤烟生产重心移动的关键因素。实行家庭联产承包责任制以来，农户已经成为广大农村投资、经营等经济活动的主体，是农村土地利用最基本的决策单位。农户的种植决策（更多的是种植面积决策）更多的是参考不同作物之间的相对收益，在耕地资源约束条件下实现收益最大化。只要农户种植烤烟的相对收益大于其他作物，那么农户就倾向于种植烤烟，代替其他大田作物的生产。

不同地区之间烤烟比较收益存在着较为明星的差异。根据《全国农产品成本收益资料汇编》中提供的不同农作物的成本收益数据，以粮食单位面积平均收益为 1，分别计算 2011 年河南省和云南省的烤烟收益比较指数。2011 年河南省烤烟比较收益指数为 1.5，即单位面积烤烟收益是粮食收益的 1.47 倍。云南省烤烟收益比较收益指数则高达 6.3，即单位面积烤烟收益是粮食收益的 6.3 倍，远高于河南省。因此，地区间烤烟与其他主要农产品之间的收益差距是烤烟生产时空格演变的关键驱动因素。

4. 种烟劳动力机会成本地区间差异

种烟劳动力机会成本的地区间差异是烤烟生产格局演变和形成的直接驱动因素。经济学中的机会成本是指做出一种最优选择而必须放弃的次优选择的价值。农业劳动力的机会成本为选择务农而丧失的工资性收入。但受不同地区经济发展程度以及农业劳动力年龄、性别和受教育程度等因素的影响，地区间农村劳动力非农务工机会和务工工资均有较大差异。农业劳动力机会成本的地区差异直接影响着农户耕地利用决策。农业劳动力机会成本上升较快的地区，随着农户非农收入增加，对农业收入依赖性下降，在种植结构上农户更倾向于种植机械化水平较高、用工量较少的粮食作物，而减少用工多、劳动强度大的烤烟种植。反之，农业劳动力机会成本相对较低的地区，农户对非农收入的依赖性较弱，反映在种植结构上就会更倾向于种植用工较多、劳动强度较大，但是相对收益较高的烤烟。

仍然以河南省和云南省为例，2012 年河南省农村居民人均纯收入 7 524.9 元，其中工资性收入为 3 189.8 元，占 42.4%，而家庭经营收入为 4 123.5 元，占 54.8%，工资性收入与家庭经营收入之比为 1∶1.29；云南省 2012 年农村居民人均纯收入为 5 416.5 元，其中工资性收入为 1 435.9 元，占 26.5%，家庭经营收入为 3 328.1 元，占 61.4%，工资性收入与家庭经营收入之比为 1∶2.3。因此，种烟劳动力机会成本是烤烟生产区域格局变迁和形成的直接驱动因素。

3.3.2 实证分析

基于以上分析，本书构建面板数据模型来实证分析影响我国烤烟生产时空格局变化因素，具体形式如下：

$$Con_{it} = \beta_0 + \beta_1 Cland_{it} + \beta_2 Urban_{it} + \beta_3 Naemp_{it}$$
$$+ \beta_4 Ocost_{it} + \beta_5 Crev_{it} + \mu_{it} \tag{4}$$

模型中，i 代表各省份，t 代表年份。借鉴杨万江、陈文佳（2011）利用计量模型研究中国水稻生产布局影响因素时对被解释变量的选择，本研究以 Con 即烤烟集中度指数为被解释变量，用各年份不同省区烤烟产量在全国烤烟产量中所占的比重来表示。解释变量包括：用耕地面积集中指数（$Cland$）

即各年份不同省份耕地面积占总耕地面积的比重来衡量不同地区的耕地资源禀赋，考虑到难以直接获得各省份耕地面积的数据，这里用农村家庭人均耕地面积与乡村人口的乘积来近似代替；城镇化水平（$Urban$），用各地区城镇人口占常住人口比重来衡量；非农就业机会（$Naemp$），用各地区非农就业人员与乡村从业人员之比来表示，其中非农就业人员由乡村从业人员减去农林牧渔从业人员得到；种烟劳动力机会成本（$Ocost$），用农民工资性收入与家庭经营收入之比来表示；烤烟比较效益（$Crev$），用烤烟种植面积与粮食种植面积之比来表征。农业生产内部各产业之间（尤其是替代作物之间）比较效益的变化对农户种植决策具有重要影响，而烤烟种植面积与粮食种植面积之比正是这一决策的直接结果，因此，借鉴李裕瑞等（2009）的做法，用烤烟种植面积与粮食种植面积之比来反映农业生产内部烤烟与粮食作物之间比较效益的变化。μ_{it} 是一个既包含个体特质效应又包含地区特质效应的复合残差项。

Hausman 检验拒绝了随机效应模型，因此采用面板数据的固定效应模型来进行估计，固定效应模型还可以通过差分消除那些不随时间变化变量的影响，比如地理位置等。出于稳健性的考虑，表 3-4 中同时列出了最小二乘法的估计结果。估计结果表明，耕地面积集中指数和种烟比较收益对中国烤烟生产的时空格局的分布变化都具有显著的正向影响，而且显著性水平都达到 1%。这表明，在耕地资源禀赋丰富的地区，耕地对烤烟生产的约束相对较弱，农户从事烤烟生产的愿意仍然比较强烈。平均来看，耕地面积集中指数每增加 1 个百分点，烤烟集中度指数相应上升 0.34%。农户是农村土地利用最基本的决策单位，以追求经济效益最大化为目标，在农业内部自主选择生产作物。烤烟相对于替代作物粮食的收益越高的地区，烤烟的种植面积和产量就会越多，从而使得该地区烤烟集中度指数上升。系数的估计结果表明，烟粮种植面积比每增加 1 个百分点，烤烟集中度指数就会上升近 2.7%。

　　模型估计结果还显示，城镇化水平和种烟劳动力机会成本对烤烟生产重心移动具有显著的负向影响。烤烟生产用工多、劳动强度大、技术复杂，有些生产环节还难以被机械替代，在城镇化和工资性收入水高的地区，农业劳动力从事烤烟生产的积极性下降，他们或者退出农业劳动或者从事机械化程度和劳动生产率较高的农作物生产，从而导致烤烟种植面积和产量萎缩。由于非农就业与城镇化两个变量之间存在明显的正相关关系，因此虽然非农就业机会的影响为负值，但并不显著。系数的估计值表明，地区城镇化水平每提高 1 个百分点，烤烟集中度指数下降 0.05%；种烟劳动力机会成本的影响较小，每增加 1% 烤烟集中度指数下降近 0.003%（表 3-4）。

表 3-4　烤烟生产重心变迁的驱动因素估计结果

变量名	固定效应模型	最小二乘模型
耕地面积集中指数	0.343 ***	0.339 ***
	(4.985)	(5.382)
城镇化水平	−0.051 1 **	−0.048 6 **
	(−2.506)	(−2.588)
非农就业机会	−0.016 3	−0.015 7
	(−0.882)	(−0.896)
种烟劳动力机会成本	−0.003 24 ***	−0.003 48 ***
	(−2.733)	(−3.168)
烟粮种植面积比	2.650 ***	2.649 ***
	(29.74)	(32.59)

（续）

变量名	固定效应模型	最小二乘模型
常数项	0.020 2**	0.018 6**
	(2.177)	(2.188)
观测值	1 085	1 085
R^2	0.936	0.924
F 值	219.83	251.46

注：括号内为 t 检验值；* 为 10% 显著水平，** 为 5% 显著水平，*** 1% 显著水平。

3.4 主要结论和政策启示

改革开放 30 多年来，中国烤烟生产的空间分布格局发生了显著的变化。本研究通过分析 1978—2012 年中国烤烟生产重心的演变路径，揭示了烤烟产量重心、种植面积重心和单产重心由中向西、从北向南的演进态势，为中国烤烟生产向西南老少边穷地区转移的判断提供了科学依据。耦合性分析表明，烤烟产量重心与烤烟种植面积重心移动具有高度同向性且两个重心之间的距离较近；烤烟产量重心与单产重心移动方向不完全一致且距离较远。实证分析表明，中国烤烟生产重心的时空变化与各地区耕地资源禀赋、农业内部烤烟的比较效益显著正相关，与城镇化水平和种烟劳动力机会成本显著负相关。

由此可见，改革开放以来我国烤烟生产向城镇化水平和种烟劳动力机会成本较低而耕地资源禀赋相对丰富和烤烟比较效益较高的西南老少边穷地区转移是大势所趋，是市场化改革和地区经济发展不平衡的必然结果。因此，为了促进烤烟生产的稳定、可持续发展，应该实行地区差异化的烤烟生产扶持政策，将政策支持的重点倾斜到烤烟相对收益较高、种烟劳动力机会成本较低、耕地资源禀赋相对丰富、烤烟发展潜力较大的经济欠发达地区，努力提高这些地区农民的种烟收入及其在家庭总收入中的比重，从根本上确保种烟土地和种烟劳动力的可持续性。

第4章　现代烟草农业建设阶段划分及未来走向

　　为了贯彻党中央、国务院的战略部署，自2005年起烟草行业把发展现代烟草农业作为烟叶工作的基本方向，开始了现代烟草农业建设实践。按照国家烟草专卖局（以下简称国家局）《现代烟草农业发展规划（2013—2015年）》中提出的总体目标和要求，到2015年要基本实现烟草农业现代化，在国际烟叶生产领域处于先进水平，在国内现代农业领域达到一流水平。从现实情况来看，这一目标已经实现，现代烟草农业建设进入纵深发展的崭新阶段，烟草农业高质量发展已经迈出坚实步伐。

　　全面总结和回顾2005年以来现代烟草农业建设历程，合理划分现代烟草农业建设阶段，可以更清楚地掌握烟草农业的发展现状，认清烟草农业在大农业乃至整个国民经济中的地位，有助于准确定位我国烟草农业所处阶段，从而为烟叶产区农业经济和农村社会的进一步发展选取适合的战略。本章以下内容主要包括：第一部分对2005年以来现代烟草农业建设的阶段划分；第二部分对未来现代烟草农业建设方向的分析；第三部分为总结。

4.1　现代烟草农业建设阶段划分

4.1.1　第一阶段：2005—2006年现代烟草农业建设起步实施阶段

　　烟叶生产基础设施是烟草农业经济赖以发展的"先行资

本",是实现传统烟草农业向现代烟草农业转变和烟区农村地区可持续发展的基础性条件。然而,我国大部分烟叶产区处于老少边穷地区,生产条件差,农业基础设施薄弱,欠账较多,长期处于靠天吃饭的被动局面。因此,加强基础设施建设,补齐烟叶生产基础设施的短板,改善烟叶生产条件,打牢烟叶生产基础成为这一阶段现代烟草农业建设的重要内容和主要工作。

按照"科学论证、制定规划,搞好试点、分期实施,严格管理、规范运作,加强监管、确保效益"的指导思想和"科学合理、因地制宜、实事求是"的建设原则,2005年全国各个烟区开始大力推进烟田水利、机耕道路、密集烤房、育苗工场等项目建设。通过不断总结推广经验,重点突出"因地制宜、规划先行、连片推进",各地区积极探索适合各自不同条件的项目建设模式。2006年烟草行业在吸收各地经验基础上,总结推广了"三个为主",即工程项目布局规划、质量管理和检查验收、资金管理以烟草部门为主的项目建设管理形式;在建设模式上从前段的"三小工程"为主逐步向"全面规划、整体配套、连片开发"转变,烟水配套工程建设管理水平明显提高。

特别需要指出的是,烟叶基础设施是行业推进现代烟草农业建设的重要内容,贯穿整个现代烟草农业建设全过程。2005年以来行业累计投入587亿元,建成了342万件工程项目,完成了4 060万亩基本烟田综合配套。其中密集烤房79万座,机耕路4万千米,沟渠5.8万千米,土地整理80万亩,水源工程援建项目53件。

烟叶生产基础设施建设不仅是现代烟草农业建设的重要内容,也体现出了现代烟草农业建设的重大成果,有力地支撑了现代烟草农业的深入发展。通过现代烟草农业建设，促进了基本烟田保护制度，优化了烟叶布局调整；持续开展烟田基础设施建设，加强了烟叶生产物质基础；重点老烟区生产水平持续提升，新烟区开发形成明显后发优势；欠发达地区的烟叶生产发展潜力得到充分挖掘，发达地区的烟叶生产再现勃勃生机。

4.1.2 第二阶段：2007—2009 年现代烟草农业建设试点探索阶段

烟叶生产基础设施建设取得显著成效，基础管理工作得到明显改观，现代烟草农业建设的物质基础已经基本具备。2007年 10 月国家烟草专卖局制定印发了《关于发展现代烟草农业的指导意见》，明确发展现代烟草农业是烟草行业参与社会主义新农村建设的重大历史任务，确立了"一基四化"（即"一个基础"为烟叶生产基础设施建设，"四个化"为烟叶生产的"规模化种植、集约化经营、专业化分工、信息化管理"）的基本思路，把实现传统烟叶生产向现代烟草农业转变作为一项战略任务，并制定了具体的政策措施。这标志着烟草行业进入了发展现代烟草农业的新阶段。

2008 年开始以村为单位进行试点。全国安排 135 个村，种烟面积 22.6 万亩，烟农户均规模达到 16.4 亩，500 亩以上的连片面积占 57.1%。开展了生产组织方式的探索，明确了以规模种植农户为基础，以专业化服务体系为纽带，以专业合作组织为保障的方向模式，成为综合服务型烟农专业合作社的雏形。

2009 年以"整县、整乡、整村"的试点方式推进。按照"稳定试点数量、扩充试点内容、提升试点水平"的基本思路，全国共落实试点 143 个，其中整县推进试点 3 个（山东诸城和云南禄丰、砚山），整乡推进试点 41 个，整村推进试点 99 个，烟叶种植面积 96.5 万亩。试点单位种烟大户、家庭农场、专业合作社三种生产组织形式进一步完善，种植面积达到83.1 万亩，占试点总面积的 86.1％。烟农户均规模 19.8 亩，较全国平均规模提高 8.6 亩，每亩用工减少到 23.32 个。试点单位健全和完善专业化服务体系，努力实现专业化服务全覆盖、全过程；专业化设施保质量、上水平；行业对专业化设施的投入体现普惠制、广受益。

通过总结云南禄丰等试点单位经验，初步探索了一条以基地单元建设为载体、以完善烟叶生产基础设施为重点、以提高专业化服务水平为关键、以创新生产组织形式为突破的现代烟草农业发展的新路子。壮苗培育、平衡施肥、成熟采收、密集烘烤、优化结构等技术集成推广，提升了烟叶生产科技含量；规模化种植、专业化服务促进了烟叶生产标准化，提高了技术到位率；有机、绿色、生态、低碳等现代生产理念形成共识，环境友好和资源节约型技术普遍应用，烟叶安全生产和有机烟叶开发开始由理念进入实践。

通过现代烟草农业建设，增强了宏观调控能力，实现了烟叶生产的稳控有度、持续稳定；烟叶生产方式实现了作业流程化、管理规范化、技术标准化、操作工序化；收购流通秩序更加规范，收购质量进一步提高，规范、有序、公平的市场秩序已经形成，专业化分级散叶收购改革了烟叶传统收购方式，优化了业务流程，提高了收购效率，缩短了收购时间；加强站点整合，推进组织扁平化、岗位专业化，完善了基层组织管理体系；加强信息化建设，实现了烟叶生产、收购、调拨全过程信息化管理，推进了管理现代化。

4.1.3　第三阶段：2010—2017 年现代烟草农业建设推广提升阶段

2010 年以来，随着"卷烟上水平"基本方针和战略任务的实施，现代烟草农业建设成为原料保障上水平的根本保证。按照"整县推进、单元实施"的建设方式，卷烟品牌有效引导基地建设的新机制初步建立。通过全面开展单元建设轮训，加强单元规划评审，严格评价验收，现场会示范引导，现代烟草农业建设呈现大规模推进、高标准实施、高水平提升的新局面。"原料供应基地化、烟叶品质特色化、生产方式现代化"由同步开展，到有机结合，再到深度融合，有力地促进了现代烟草农业建设。

现代烟草农业建设有力保证了卷烟"大品牌"发展。一是实现了烟叶供求平衡。2010—2017 年，全国卷烟销量由 4 248 万箱递增至 4 825 万箱，增长了 577 万箱，全国烟叶工业库存总量（把片混算）由 7 268 万担增至 8 904 万担，库存水平由 27 个月增加到 31.8 个月。烟叶原料由最初供应紧张到基本满足、再到现在库存充足，实现了良性发展。二是提升了等级质量。2010—2017 年，收购上等烟比例由 48% 提高到 56%，增加了 8 个百分点，中部烟由 51% 提高到了 56%，对重点骨干卷烟品牌的快速发展形成了有效支撑。全国一类卷烟从 242 万箱增长到 620 万箱，增长了 378 万箱，年均增幅 26.4%，特别是高端卷烟从 66 万箱增长到 183 万箱，年均增幅达到了 29.2%。三是提高了特色烟叶开发水平。工商深化协同、创新机制，以基地单元为载体，注重良区、良种、良法有机结合，特色品种推广面积超过 200 万亩，特色单元达到 121 个，收购量达到 605 万担，进口烟叶比重持续下降。总量充裕、结构均衡、特色明显、后劲充足，烟叶原料保障能力明显增强。

这一阶段，烟草行业启动了水源工程和土地整理，实现了合作社破题，基本明确了现代烟草农业建设的业务模式，进一步完善了《烟叶基地单元工作规范》。这个阶段为推进现代烟草农业高标准高水平建设，烟草行业围绕着基地单元建设着重做了一下工作：一是全面开展单元建设轮训。2010—2017年共组织了十余期大规模培训，累计培训17 000多人次，提供了强有力的人才保障。二是加强单元建设规划与评审。以基地单元为单位，全面制定整县推进建设规划，县、市、省逐级评审，国家局抽查评审，有效促进了规划水平提升。三是严格评价验收与评优制度。以省级局（公司）、省级工业公司为验收主体开展全面验收，国家局严格组织抽查验收，推动单元建设水平不断提高。四是专门召开了合作社专题会议，明确了"种植在户、服务在社"的发展方向和综合服务型烟农专业合作社的发展模式，提出了"四个原则、五大职能、六项标准、七条措施"的建设要求。至此，现代烟草农业进入了整体推进、全面建设的新阶段。

4.1.4　第四阶段：2018年以来现代烟草农业建设纵深发展

烟草行业继续坚持现代烟草农业发展方向，深入推进生产方式现代化，打造"规模化、职业化、专业化、机械化、绿色化"生产组织体系，推动烟叶生产转型升级、提质增效。这一阶段现代烟草农业建设取得了明显成效：

第一，职业烟农队伍进一步壮大。继续加大职业烟农培育，积极培育种烟大户、家庭农场等规模种植主体，重点发展20～50亩的适度规模种烟农户，稳定优化烟农队伍。全国户均种植规模15.8亩，同比增加1.4亩；职业烟农新增3.6万户，达到28.6万户。

第二，专业化服务能力进一步提升。落实《合作社发展质量提升指导意见》，推进合作社市场化运作、规范化管理，全面提高合作社服务能力、赢利能力和管理水平。全国烟农合作社整合至1 172家，同比减少133家，其中综合服务社948家，烟农入社率达到94.5%。专业化育苗、分级基本实现全覆盖，机耕、植保、烘烤专业化服务比例均超过50%。

第三，机械化作业水平进一步提高。加大育苗、整地、起垄等成熟环节机械推广应用，积极探索专用机械本地化应用，不断推进农机农艺融合，全国机耕、起垄、中耕培土等重点环节平均机械化作业率达66%，烟叶生产亩均用工持续降低。

第四，绿色生产理念进一步深化。推进化肥施用减量化，有机肥工程化生产量达47.5万吨，新增1.2万吨；水肥一体化推广391万亩，同比增加61.2万亩。推进植保技术绿色化，推广专业植保1 049.8万亩，其中无人机植保216.1万亩，同比增加76.3万亩；烟蚜茧蜂等生物防治推广比例达96.3%。推进烘烤能源低碳化，推广新能源烤房10.1万座，新增3.8万座；生物质燃料使用43.1万吨，新增20.4万吨；新增烟夹应用于2.7万座烤房。推进烟田废弃物利用资源化，增厚地膜、地膜回收、资源化利用比例分别达91.5%、85%、61%，同比分别提高0.5%、1.2%、12.5%。

4.2　未来现代烟草农业发展方向

今后，现代烟草农业建设应着重关注以下几个方面的工作。

4.2.1　继续推进烟田基础设施和水源工程建设

烟叶基础设施建设规划要和土地整理、土地流转、土地轮作、土壤改良、机械化耕作、农田水利、合作社建设、烤房群建设、多种经营布局等相配套。要和基地单元、特色烟叶开发相结合，要和当地高标准农田建设相对接。要保持烟叶用地相对稳定，加强土壤改良，改善生态环境。要加强烟田基础设施管护工作，按照"谁受益、谁管护"的原则，明确责任主体，管护资金要争取当地政府支持，在烟叶税中提取一定比例列支。稳定烟叶生产基础设施建设投入政策，维持烟叶生产基础设施投入标准不变（每亩 2 000 元），年度投入规模保持在50 亿元左右。

进一步明确烟叶生产基础设施投入范围包括烟水配套工程、田间道路建设、土地整理、烟叶烘烤设施、烟草农用机械购置补贴及存放设施建设、育苗设施建设和配套设备、以上设施的改造及修复以及相关综合管理费用。随着基础设施建设日趋完善，基层烟区建设个性化需求日益凸显，未来对于重点扶持的项目要继续加大投入及上级烟草部门的投入比例。要加强水源工程建设。援建项目应在烟区范围内，有水源保障、工程任务以农业灌溉为主。高度重视加强援建资金的监管。省级公司负责对项目合规性、援建政策符合性、规划和设计合理性以及工程量和造价准确等内容进行审查，负责对援建资金申请要件的完整性、真实性及合规性进行审核把关，并以正式文件报总公司申请援建资金。在严格资金使用管理的同时，各级烟草部门要提高责任意识、提高服务意识、提高效率意识，加快项目审查申报、加快资金拨付进度。

4.2.2　产业融合要有新突破

产业融合是稳定烟叶生产、构建现代烟草农业产业体系的内在要求，是提高多元产业发展水平、拓宽烟农增收渠道的必然要求。要积极打造烟区产业综合体。烟区产业综合体是以种烟面积千亩以上的行政村为单位，以职业烟农为主体，以合作社为主要载体，烟叶产业和多元产业统一规划，实行以烟为主的产业组合，推行产业基地化、技术绿色化、经营集约化、服务现代化生产模式。烟区产业综合体是土地、设施资源高度集聚、劳动力资源高效配置的载体，能够保障烟叶生产稳定发展、烟农持续增收，是解决谁来种烟、在哪儿种烟、怎么种烟的重大举措，也是贯彻落实乡村振兴战略、建设田园综合体的先行探索。打造烟区产业综合体要抓住"三个关键"：一是建平台。以合作社为载体，建设土地流转平台，吸引农民土地、资金入股，实行"三变"改革，建立村委会、合作社、农民等多种主体融合的村级资源资产利用和产业发展平台，实现土地长期稳定有序流转，为规模化、产业化、集约化发展烟区产业综合体创造有利条件，把一家一户烟农引入到农业现代化大生产轨道。二是抓特色。深度挖掘烟区丰富的生态资源优势，积极探索烟叶产业与特色多元产业的组合模式。按照高技术性、高安全性、高附加值、高回报率的要求，选择能与烟叶产业协调发展、有效组合的特色产业。三是强服务。着力拓宽延伸综合服务社服务范围、服务内涵，强化合作社服务能力建设，为烟叶产业和多元产业提供标准化、精益化、定制化、个性化服务。烟区产业综合体是一项全新工作，云南、贵州、四川、湖南、福建等烟叶大省要先行先试，探索打造1～2个烟区产业综合体典范。

推动多元产业三产融合。稳定发展多元产业，必须延伸产业链条，才能形成稳定的市场渠道，才能分享流通环节增值收益。要积极推进多元产业生产、分级、加工、包装、仓储、物流多环节融合发展。支持引导烟农合作社发展农产品初加工业务，可充分发挥闲置密集烤房群等设施资源作用，开展干货烘干、分级、包装，形成易保存、重量轻、好运输的初级产品。

支持引导合作社充分利用盈余资金，自建仓储冷库，确保多元产品放量之后能够保鲜保质，持续满足市场需求。支持引导合作社与国内外知名企业合作，建立稳定的产供销关系，在更大空间上、更高水平上实现三产融合。

4.2.3　继续推进生产转型升级、绿色生态生产和减工降本增效

提高专业化服务能力。不断完善烟叶生产专业化服务体系，要重点开展"合作社规范提升行动"，推进合作社市场化运作、规范化管理，在烟叶种、采、烤、分等劳动密集型生产环节，创新服务模式，完善服务体系，打造一站式专业服务平台，为烟农提供更多可供选择的优质服务产品。提高机械化作业水平。要紧紧围绕提高生产效率，开展新一轮农机农艺融合应用研究，加大新型适用农机、绿色生产装备推广应用，降低田间作业强度，逐步将烟叶生产亩均用工降至 17 个左右。按当前烟叶种植面积测算，全国烟区烤房总量充足，但随着烟区的布局调整，闲置烤房增多与新区烤房配套不足的问题同时存在，要专题研究相关政策加以解决。提高烟农队伍素质。近年来，受农业农村经济发展和产业结构调整的影响，烟农队伍流失加剧，烟农结构老化的问题也日益突出，50 岁以上烟农达到 46%，种烟面积占 42%。要加强烟农队伍年龄梯次化、技术专业化建设，加强培训，提升能力，培育适度规模种植主体，壮大职业烟农队伍。

推进绿色生态生产。自觉把产业发展同生态文明建设统筹起来，围绕"一控两减三基本"目标，创新绿色生态生产技术，提升烟草农业绿色发展水平。推进化肥施用减量化。推动以化肥施用为主向土壤保育转变，创新有机肥、炭基肥、绿肥规模化开发和产业化应用，推广节水节肥农业生产技术。推进

植保技术绿色化。推动以化学防治为主向绿色防控转变，加大力度以天敌昆虫立体防治烟草害虫，以生物菌剂替代化学药剂防治烟草病害；依托合作社平台，推进统防统治体系建设。推进烘烤能源低碳化。对技术已经成熟的生物质燃料烤房要逐年加大力度，对电能、天然气等其他新型清洁能源烤房要逐步试点验证后推广，构建绿色、低碳、环保的烘烤技术体系。推进烟田废弃物利用资源化。采取工场化生产的方式，扎实推进烟秆、秸秆、菌渣、农地膜等废弃物回收加工，开发配套产品，变废为宝，推进资源全面节约和循环利用。

推进减工降本增效。当前，国内烟叶原料采购成本偏高，要系统推进烟叶全产业链降成本。生产收购环节重点抓好烟叶种植向种烟能手集中，适度扩大规模，提高生产效率；复烤环节要创新管理方式，优化业务流程，改革核算体制；调拨环节加强物流费用管理和资金核算；工业企业要避免对高结构烟叶配方的过度依赖，加大配方技术创新降成本。

4.2.4 继续推进烟叶生产综合服务体系建设

完善烟叶生产环节各项补贴政策。首先在维持生产补贴标准不变的前提下，优化生产扶持补贴项目范围，可以考虑将原来包括种子、化肥（含有机肥）、农膜、农药、预检袋等补贴项目优化调整为测土配方及水肥一体化、病虫害统防统治及绿色防控、科技推广服务、专业合作社服务、自然灾害防治五大类项目。其中：测土配方及水肥一体化补贴包括土壤测试、滴灌带、微喷带、淋灌拖管等支出；病虫害统防统治及绿色防控补贴包括生物、植物药剂补贴，病虫害监测补贴，病虫害防治培训投入，诱虫色板补贴，性诱剂补贴，食诱剂补贴，生物天敌防治投入等；科技推广服务补贴包括土壤改良及保育，面源污染治理，品种栽培调制等新技术、新材料、新工艺试验示范，技术培训等；专业合作社服务补贴包括土地流转，职业烟农培育，专业机耕，专业移栽、专业植保、专业采收、专业烘烤、专业分级、专业运输等补贴；自然灾害防治补贴包括专业化气象服务补贴、自然灾害保险、防灾减灾物品投入等。

其次，突出抓好自然灾害救助体系建设。加强与气象、水利、农业、保险等部门合作，大力建设烟田防灾减灾体系，积极推进种植风险防范救助和商业保险，适当提高保险赔付金额和救助标准，减少烟农灾害损失。四川省建立烟叶种植特色农业保险和烟叶生产受灾专项救助"双保险"制度。河南省2015年基本达到受灾保险全覆盖，烟叶每亩保额900元，保险费率为5％，烟叶保费财政补贴30％，烟草公司承担60％，农户负担10％，保险范围为雹灾、洪水、旱灾、风灾、暴雨、病毒病、黑茎病等造成绝收、重灾、中灾、改种等。

4.2.5　继续推进现代化管理水平建设

加强烟叶生产标准化管理。标准化建设是提高烟叶生产质量与水平的基础，是保证产品质量安全的重要措施。要抓好烟叶标准化体系建设。烟叶的标准化体系包括产前、产中、产后各环节的技术、管理和服务标准体系。烟叶生产标准要与科技相结合，及时将科研成果转化为新的生产标准加以推广执行。要与现代管理手段相结合，推行全面质量管理，建立 ISO9000质量管理体系，注重程序，注重过程，注重监督，不断总结、评价、改进和完善。要与质量安全相结合，抓好烟叶质量安全管理，有效借鉴国际标准，坚持化肥减量提效、农药减量控害，探索和总结烟叶农残快速检测经验，加强质量安全监管。

加强烟叶生产信息化管理。烟叶生产信息化最终要与国家局"一号工程"系统对接，使烟叶与卷烟形成一个完整体系。但是，目前不少地方还不具备条件，特别是相当一部分基层收购点不通网络，不少地方基础管理未能跟上，个别地方烟叶受多种因素影响，不能"全种全收"。因此，当前最重要的是按照烟叶公司统一部署，抓好现有信息软件升级。要在统一标准、统一平台的基础上，抓好烟叶合同种植、合同收购、烟叶加工和调拨、烟用物资供应、资金结算、技术服务、自然灾害预测预报及救助等烟叶生产全过程信息化管理，有条件的地区力争将烟叶信息化覆盖到每一个收购站、点，实现数据采集、传输、反馈实时化，确保数据真实、完整。建立数据库，实现信息共享，提高信息化管理和服务水平。

加强烟叶生产规范化管理。重点抓好烟基工程建设的规范管理、抓好烟用物资采购公开招标规范管理、加强烟叶扶持补贴规范管理、加强基层烟草站建设规范管理。近两年国家局为抓好烟叶生产规范化管理已下达和正准备下达规范性管理文件10个，即：《烟叶物资采购供应管理办法》《中国烟草总公司关于印发烟草行业水源工程援建项目及资金管理办法的通知》《中国烟草总公司关于进一步加强烟叶生产基础设施建设项目管理的意见》《国家烟草专卖局关于加强烟叶收购站（点）基础配套设施建设的意见》《国家烟草专卖局办公室关于进一步加强烟草行业水源工程援建项目及资金管理的通知》《烟叶生产与基础设施建设投入补贴财务管理办法》《烟草新品种审定》《烟叶网上交易电子合同和调拨单签章》《由总公司投入补贴的烟叶生产基础设施项目年度建设计划》《水源工程援建项目审核》。各地应抓好各项规范管理制度落实。未来要从以制度制定为重点转向制度执行为重点，加强对制度执行情况检查、考核。全面落实规范管理的主体责任和监督责任，确保烟叶生产健康发展。

加大力度推进烟叶原收原调试点工作。抓好烟叶原收原调，是维护广大烟农利益的需要，是加强基层烟叶收购站点和复烤企业规范管理的需要，是卷烟工业企业提高烟叶采购纯度和使用效率的需要，是国家局、总公司加强对收购、调拨等级监督检查的需要。逐步扩大试点面，烟叶收购环节重点抓好预检工作，加强基础管理和收购场所硬件设施配套。卷烟工业企业要密切配合，在制定烟叶采购计划时，要考虑烟区实际收购等级。认真总结试点经验，在条件成熟时，实现全行业烟叶交易原收原调。

4.2.6 继续推进职业化高素质烟农队伍建设

加强职业化烟农队伍建设是夯实烟叶发展基础，是实现烟叶发展方式转变和提高烟农增收水平的重要保障。我国农民普遍文化程度偏低，全国5亿多农业劳动力平均受教育年限7.8年。特别是十几年来撤点并校，原来59万所农村学校现在仅剩20多万所。随着城镇化建设不断推进，农村相当一部分青壮年劳力向城市和新型城镇转移，如何加强职业烟农队伍建设，提高烟农队伍素质是今后烟叶生产需要解决的根本性问题。

加强对烟农教育培训工作。加大教育投入，多渠道、多形式开展烟农种烟所需专业化知识教育培训。建立完善适合当地实际的职业烟农培训体系。与高等院校、职业学校合作，抓好各层级人才培养。加强新技术推广体系建设，建立烟叶科研所指导烟农提高生产技术政策导向和激励机制。整合烟叶科研资源力量，注重发挥地市级技术中心、县级技术推广站和基层烟站在技术研究、示范、推广中的作用。发挥科技示范园示范带动作用，提升烟农技术水平和整体素质。加大新技术应用推广资金扶持补贴力度，促进科研成果快速转化为实用新技术。

加强分类管理，重视新型烟叶生产后备人才队伍建设。目前，种烟队伍 50 岁以上烟农占 34.1％，小学及以下学历的占 38.6％，要有针对性地抓好分类管理。对普通职业烟农、专业大户、家庭农场等不同层次"梯队式"人才实行分类管理，按照各自不同需求，针对性开展扶持服务工作。要建立一大批受过较好教育、年纪轻、懂技术、能经营、会管理的后备职业烟农队伍。鼓励进城农民工和职业院校毕业生返乡创业，实施学历、技能和创业相衔接的新型实用人才培养计划。

4.2.7　全面强化基层建设与管理

基层基础工作至关重要，关系到国家局政策能否有效落地执行。要把抓基层打基础作为长远之计和固本之举，加强设施建设、队伍建设、规范管理，补齐基层管理短板弱项，进一步激发发展活力，打通高质量发展政策落实"最后一公里"。

推进烟站标准化建设。对标《烟叶收购站设计规范》，按照"功能齐全、设施完善、标识统一、环境良好、管理科学、运行高效"的原则和专业分级散叶收购的具体实施要求，加快推进烟站改造提升，完善流水线收购作业方式，筑牢烟站硬件设施基础。强化智能收购设备研发，利用 3 年左右时间研发推广智能定级、自动收储烟叶设施装备系统，提高烟农售烟公允度和烟叶收购自动化水平。

强化基层队伍建设。加快收购关键岗位人岗匹配，抓好四级烟叶质量管理岗位聘任与待遇落实，推进质管员、评级员、司磅员、仓管员等关键岗位由正式职工担任，持证上岗。健全完善人才培训、培养、选拔、晋升机制，强化技术培训和技能鉴定，加强烟叶栽培、烘烤、分级和复烤企业"三师三手"等技术技能人才培养使用，打通基层人才成长通道。

强化烟站规范管理。聚焦烟站全面巡察突出问题，巩固完善烟叶合同收购基本制度，强化风险防控制度配套，建立站务公开和回避制度，推行廉洁风险防治权责"全省一张清单"管理模式，构建完善权责清晰、风险明确、预警及时的廉洁风险防治机制。

强化复烤企业基础管理。贯彻精益管理理念，抓实管理体系建设和贯标对标工作，在提效率、降成本、强质量、优服务等方面持续发力，持续提升企业管理运行和加工保障水平。强化复烤厂和工业对接紧密度，坚持重点品牌原料加工需求导向，做精复烤加工业务，拓展原料研究、片烟混配、成品代储等多种增值服务，更好地发挥加工环节在烟叶供应链中的功能作用。聚焦生产加工过程，把握好生产批次设计、加工参数调控、过程质量追溯等管理重点，实现烟叶收储数字化、投料管理精准化、生产操作标准化、工艺管理规范化，不断推动传统生产向现代加工转型。

4.3　本章小结

本章对 2005 年以来我国现代烟草农业建设历程进行了全面回顾、总结和阶段划分，并对未来现代烟草农业发展方向做了进一步阐述。本章将 2005 年以来我国现代烟草农业建设历程划分为四个阶段，即 2005—2006 年的起步实施阶段；2007—2009 年的试点探索阶段；2010—2017 年的推广提升阶段；2018 年以来的纵深发展阶段。

今后我国现代烟草农业建设的方向应该：继续推进烟田基

础设施和水源工程建设，产业融合要有新突破，在更大空间上、更高水平上实现三产融合，继续推进生产转型升级、绿色生态生产和减工降本增效，继续推进烟叶生产综合服务体系建设，继续推进现代化管理水平建设，继续推进职业化高素质烟农队伍建设；全面强化基层建设与管理。

第5章 现代烟草农业基地单元烟叶生产基础设施投资现状、变化及其发展方向

以品牌为导向的基地单元是烟草行业贯彻"工业反哺农业、城市支持农村"方针发展现代烟草农业的主要方式，是现代烟草农业建设的载体。国家烟草专卖局将基地单元定义为：供需双方根据卷烟品牌原料需求划定的生态条件、烟叶风格特色、管理水平基本一致的生产区域，是原料供应基地化、烟叶品质特色化和生产方式现代化的载体，是烟叶资源配置、烟叶生产基础设施建设、生产收购、基层管理和工商合作的基本单位。在烟草行业的大力推进下，基地单元已成为烟叶生产的重要力量。目前全国已建成基地单元总数达到339个，产能达1 345万担，已占全国烟叶收购计划总量的25%。

烟叶生产基础设施是烟草农业赖以发展的"先行资本"，是实现传统烟草农业向现代烟草农业转变和烟区可持续发展的基础性条件。反哺烟叶生产基础设施是改善烟叶生产条件，推进现代烟草农业建设的重要途径。2005年烟草行业开始以基地单元为抓手在全国烟叶产区实施烟叶生产基础设施建设，经过这些年的大力投资，基地单元烟叶生产基础设施的总体情况发生了显著改变，取得了阶段性成果。截至2012年，行业共投入580亿元完成342万件建设项目，改善了2 493.3千公顷

基本烟田生产条件，其中密集烤房 60.23 万座，机耕路 35 464 千米，沟渠 53 028 千米，全国 80% 的基本烟田已经完成了基础设施的综合配套。

上述成果的取得迫切要求今后的烟叶生产基础设施投资策略能快速做出反应，使之既能够反映当前烟叶生产基础设施的现状，还能够充分代表烟农对烟叶生产基础设施建设的需求和意愿，从而进一步提高烟叶生产基础设施的建设效果。也有相关文献分析当前烟叶生产基础设施建设情况以及存在的问题，得出的研究结论对今后的烟叶生产基础设施建设具有一定的参考价值。如，易世鸿、迟学芳（2015）对云南省鲁甸县烟叶生产基础设施建设情况进行了详细的介绍；黎思伟、杨华仙（2016）针对云南省双柏县烟叶生产过程中基础设施建设过程中存在的主要问题进行了探究。上述研究缺乏对烟叶生产基础设施建设变化和烟农基础设施建设需求状况的了解，也没有能够结合烟农的需求状况确定今后烟叶生产基础设施建设方向。因此，本研究将以河南省襄城县为例，在详细描述 2005 年以来烟叶生产基础设施投资变化的基础上，分析烟农对烟叶生产基础设施建设的需求意愿，对未来烟叶生产基础设施建设方向提供一些决策参考。

5.1 研究区域与数据来源

襄城县隶属于河南省许昌市，位于中原腹地，地处黄淮海平原西缘，位于北纬 33°51′04″，东经 113°28′54″ 之间，是我国三大烤烟发源地之一，所产烟叶香气浓郁，吸味醇和，是我国浓香型烟叶的典型代表。襄城县常年种烟面积 6.7 千公顷左右，收购烟叶量 1.25 万吨左右，是河南省烤烟生产第一大县，也是国家烟草专卖局确定的首批整县推进现代烟草农业建设示范县。

　　本研究所使用的数据来源于 2014 年 3 月对襄城县所做的实地调研。调研收集了 2005—2013 年间襄城县烟叶生产基础设施建设的详细信息，包括项目类型、数量以及投资金额等。调研还对襄城县 3 个烟叶生产基地单元 12 个种烟村中的180 户烟农进行了面对面的访谈，了解烟农对烟叶生产基础设施的需求情况。样本农户是按照分层抽样结合随机抽样的方法确定的。首先按照分层抽样的方法确定 3 个烟叶生产基地单元为样本，然后从每个样本基地单元中随机抽取 4 个种烟村，作为样本村，最后从每个样本村中随机选取 15 个种烟农户作为样本户。这样共调研了 12 个种烟村 180 户烟农。

5.2　烟叶生产基础设施建设阶段性变化特征

5.2.1　基础设施建设情况

　　为了巩固烟叶基础地位，自 2005 年开始烟草行业加大对烟叶产区烟叶生产基础设施建设的投入力度。调研资料显示，截至 2013 年底，烟草行业在襄城县共投入资金 42 490.1 万元建设了 15 828 件基础设施项目，平均每年投入资金 4 721.1 万元，实施项目 1 758.7 件。比较来看，烟叶生产基础设施的投入力度远高于农业综合开发投入的资金。1988—2012 年各级财政投入襄城县农业综合开发的资金为 13 917 万元，平均每年投入 605.1 万元①。

---

　　①　2013 年 4 月 18 日河南日报（农村版）：河南襄城：农业综合开发强势起航。

随着项目数量和资金规模增加，烟叶生产基础设施建设的项目类型较为广泛，包括灌溉排水、密集烤房、机耕道路、农业机械、育苗大棚及其附属设施等涉及多个烟叶生产环节，对烟叶生产具有重要影响的基础设施项目。这些基础设施项目的建设不仅可以增加烟叶产量、提高烟叶品质，而且还能够有效降低烟农劳动强度和生产成本，有力地推动了现代烟草农业的发展。

虽然烟叶产区实施了多种类型的烟叶生产基础设施项目，但项目类型也有所集中和侧重。调研数据表明，超过60％（62％）的项目是密集烤房，一半的资金（49.2％）投入密集烤房建设。还有1/4的项目是修建灌溉排水设施，灌溉排水设施的投资金额占17.7％。这样，87％的基础设施项目和67％的资金都是用于建设密集烤房和灌溉排水设施（表5-1）。

表5-1　2005—2013年间襄城县烟叶生产基础设施项目分布情况

项目类型	项目数量		项目金额	
	件	％	万元	％
密集烤房	9 806	61.95	20 911.9	49.22
灌溉排水设施	4 020	25.40	7 499.3	17.65
机耕路	253	1.60	5 480.1	12.90
育苗大棚及其附属工程	106	0.67	6 908.9	16.26
农业机械	1 643	10.38	1 689.9	3.98
合计	15 828	100.00	42 490.1	100.00

5.2.2　烟叶生产基础设施建设的阶段性特征

随着现代烟草农业建设的推进，烟叶生产基础设施建设表现出一定的阶段性差异。在现代烟草农业的起步阶段（2005—2007年），行业以烟水配套工程和烟炕配套工程为切入点来推进现代烟草农业建设，集中投资建设灌溉排水设施和密集烤房设备。这一时期，襄城县平均每年实施基础设施项目1 629件，其中，灌溉排水设施项目494件，占30.3%，密集烤房1 135座，占69.7%。平均每年投入的建设资金为2 323.4万元，其中，灌溉排水设施投资金额941万元，占40.5%，密集烤房投资金额1 382.4万元，占59.5%（表5-2、表5-3）。

表5-2　烟叶基础设施项目类型和数量的阶段性变化

单位：件

年份	项目总数	灌溉排水设施	烤房	机耕路	农业机械	育苗大棚
2005	145	122	23	0	0	0
2006	1 975	703	1 272	0	0	0
2007	2 767	656	2 111	0	0	0
平均	1 629	494	1 135	0	0	0
2008	2 473	1 662	695	116	0	0
2009	3 436	241	2 316	41	838	0
平均	2 954.5	951.5	1 505.5	78.5	419	0
2010	692	0	570	0	79	43
2011	434	130	220	12	45	27
2012	2 483	443	1 739	84	195	22
2013	1 374	5	870	0	485	14
平均	1 245.8	144.5	849.8	24.0	201.0	26.5

表 5-3 烟叶基础设施项目投资金额的阶段性变化

单位: 万元

年份	投资总额	灌溉排水设施	烤房	机耕路	农业机械	育苗大棚
2005	123.0	103.8	19.2	0.0	0.0	0.0
2006	2 409.6	1 484.3	925.3	0.0	0.0	0.0
2007	4 437.7	1 238.1	3 199.6	0.0	0.0	0.0
平均	2 323.4	941.0	1 382.4	0.0	0.0	0.0
2008	6 913.4	2 122.4	1 458.7	3 325.3	0.0	0.0
2009	6 675.7	801.1	4 766.4	988.0	120.2	0.0
平均	6 794.6	1 461.8	3 112.6	2 156.7	60.1	0.0
2010	4 185.4	0.0	1 481.6	0.0	62.8	2 641.0
2011	3 250.1	159.3	705.3	451.8	143.0	1 794.1
2012	8 012.9	867.1	5 550.2	710.9	271.1	613.6
2013	6 134.7	439.2	2 802.4	0	1 031.9	1 861.2
平均	5 395.8	366.4	2 634.9	290.7	377.2	1 727.5

　　调研数据表明，2008—2009 年现代烟草农业进入了稳步推进阶段，烟叶基础设施的建设水平不断提高，投资力度持续加大。这一时期，襄城县平均每年实施的项目数量为 2 954.5 个，平均每年投资额为 6 794.6 万元，分别比上一阶段增加了 81% 和 192%。烟水配套和烟炕配套工程的实施力度继续加大，灌溉排水设施和密集烤房的项目数量和项目金额与前一阶段相比都有较大幅度的增长。2008—2009 年间，襄城县平均每年实施的密集烤房和灌溉排水设施的项目数量分别为 1 507 个和 951 个，与前期相比增加了 32.8% 和 92.5%；平均每年实施的密集烤房和灌溉排水设施的项目金

额分别达到 3 111.9 万元和 1 460.8 万元，增加了 125.1%和 55.2%。

这一时期烟区基础设施建设项目范围有所扩大，烟田机耕路和农业机械购置补贴被陆续纳入烟区基础设施建设范畴。2008—2009 年间，襄城县共实施机耕路项目 157 个，投资总额 6 225.1 万元。2009 年烟区开始实施农业机械购置补贴项目，当年襄城县共实施 838 个农业机械购置补贴项目，发放补贴资金 120.2 万元，平均每个项目补贴金额为 0.14 万元。

2010 年以后，伴随着现代烟草农业建设进入完善阶段，烟叶基础设施建设也进入了配套提升阶段。这一阶段，行业在继续投入大量资金用于灌溉排水、密集烤房、机耕路、农业机械等基础设施项目建设的同时，进一步扩大了基础设施建设项目范围，项目建设水平有所提升。从调研数据上看，2010—2013 年襄城县平均每年实施基础设施项目 1 245.8 件，投资金额 5 395.8 万元，项目平均规模达到 4.3 万元，而 2008—2009 年项目的平均规模只有 2.3 万元。其中灌溉排水设施项目资金规模为 2.5 万元、密集烤房为 3.1 万元、农业机械为 1.9 万元，与前期相比都有明显扩大。这一时期，襄城县开始投资建设育苗大棚及其附属设施，共建成 106 个育苗大棚及附属工程项目，投入金额达到 6 910 万元，占总投资金额的 32.0%（表 5 - 2）。

5.3　烟农对烟叶生产基础设施的需求意愿

烟农是烟叶生产的主体，也是烟叶生产基础设施建设的受益主体。只有当烟叶生产基础设施的建设能够有效满足烟农的需求意愿，才能更好地调动烟农生产积极性，促进烟叶生产的可持续发展，让烟农更多地分享现代烟草农业建设成果，最大限度地增进烟农的福利水平。

为了掌握烟农的烟叶生产基础设施需求，我们对襄城县3个烟叶生产基地单元，12个行政村，180户烟农进行了面对面的访谈。访谈中，要求受访烟农根据自身需求对灌溉、机耕路、烤房、农业机械以及育苗大棚等5类基础设施依次做出排序，最需要的排在第一位，以此类推。根据排序结果，可以计算出各项目的需求强度指数。具体计算过程：首先采用心理学测验中经常用到的李克特量表法对农民需求排序进行赋值，排在第一位的赋值为100，第二位赋值为80，第三位60，第四位40，排在最后一位的赋值为20。然后以相应序位的烟农数量为权重，计算出的加权平均数就是此项目的烟农需求强度。

尽管烟草行业投入大量资金用于机耕路、灌溉排水设施和密集烤房的建设，但是烟农仍然对它们具有较为强烈的需求。调查结果表明，83.6%的受访烟农将修建机耕路排在需求序次的前三位，其中41.8%的烟农认为修建机耕路是他们最迫切需要，还有28.7%的烟农将机耕路排在需求的第二位。需求强度系数的计算结果表明，烟农对机耕路的需求最为强烈，需求强度系数达到78.4，排在5类烟叶生产基础设施的第一位。烟农对灌溉设施的需求强度系数为75.1，仅次于机耕道路，排在第二位，受访烟农中共有85.9%的烟农将灌溉设施排在需求序次的前三位，其中34%的受访烟农对灌溉设施的需求最为迫切。排在第三位的是烤房，需求强度系数为66.3，22.4%的受访烟农将最迫切需要的烟叶生产基础设施列为烤房，27.63的烟农将烤房排在了第二位。这反映了烟田灌溉设施、密集烤房和烟田路对烟农自身利益具有直接而重要的影响，因此烟农需求意愿较高。

相对而言，受访烟农对农业机械和育苗大棚的需求没有那么强烈，它们的需求强度系数分别只有 45.3 和 42.9。这可能是因为，襄城县育苗专业化和农机专业化服务程度比较高，普通烟农在烟叶生产过程中并不会直接使用育苗大棚和一些大型农业机械，所以直接需求意愿并不强烈。综上，烟农对烟叶生产基础设施的需求优先序为机耕路＞灌溉＞烤房＞农业机械＞育苗大棚（表 5-4）。

表 5-4 烟农对烟叶生产基础设施需求序次频数及需求强度

项目	第一位	第二位	第三位	第四位	第五位	需求强度	优先序
灌溉	33.95	31.58	20.37	3.95	10.16	75.05	2
烤房	22.37	27.63	21.05	17.11	11.84	66.32	3
机耕路	41.84	28.68	13.11	12.42	3.95	78.41	1
农业机械	7.89	13.16	17.11	21.05	40.79	45.26	4
育苗大棚	3.95	5.26	22.37	38.16	30.26	42.90	5

5.4 未来烟叶生产基础设施建设方向

5.4.1 灌溉排水设施

水利是农业的命脉。烟田灌排保障率决定着烟叶产质量和灾害天气下的保障程度。灌溉系统主要包括地表水灌溉和地下水灌溉两部分。襄城县属淮河流域，地表水相当丰富，但时空分布不均。因此，为促进襄城县烟叶生产过程中水资源供需平衡，需要对地表水和地下水进行合理的统一开发利用和管理，井渠结合，地表水和地下水联合运用，以更好地满足烟农需求意愿。

从地下水的灌溉情况来看，2005 年以来烟草行业投入大量资金用于机修建机井，襄城县烟区共投资 3 834.1 万元建设机井 3 363 眼。机井数量的大幅度增加对于改善烟区灌溉条件起到了重要作用。与此同时，大约 20% 的机井无法正常出水或出水不足，反映了烟区地下水灌溉水资源状况的逐步恶化、地下水位不断下降这样一个无法回避的现实。因此，在地下水灌溉中不仅需要增加机井数量，更需要加大对节水灌溉的投入力度，推进以低压管道输水灌溉、喷灌、微灌为代表的高效节水技术，提高地下灌溉水利用系数。

在地表水灌溉部分，一方面需要继续增加地表水灌溉水源数量，如修建塘坝、提灌站和水库等。尽管 2005 年以来烟草行业共投资 244.6 万元修建了提灌站 23 个，小塘坝 2 个，但是地表水灌溉水源数量还不能完全满足烟农的生产需要，农民需求依然强烈。另一方面还要提高地表水灌溉水源的有效补水能力，寻找可靠的水源补水线。目前，有部分的提灌站由于没有可靠的水源或补水线，不能正常使用；塘坝主要依靠降水蓄积，也没有可靠的补水线。此外，还需要加强灌溉排洪渠系的硬化防渗防漏以及清淤工作，确保灌溉用水的通畅，提高用水效率。

5.4.2 机耕路

烟田机耕道路的建设关系到现代烟草农业的进程和烟区经济的持续稳定发展。尽管现代烟草农业建设以来，烟田机耕道路建设取得了很大成就，但是与烟农的需求以及现代烟草农业发展大型农机投入使用相比还有较大差距，烟农对机耕道路建设的满意程度较低，三分之一受访的烟农对机耕道路的建设不满意。当前烟区机耕道路建设标准较低，主要以砂石路为主，用于中小型农业机械以及烟叶生产、运输、烟田管理及农机具出入烟田。

砂石路的一个重要缺陷就是雨水冲刷一两天后便容易毁坏，养护成本较高。而机耕道路的养护经费主要由村集体自筹，事实上农村税费改革以后，村集体收入大幅度减少，有些村庄的收入甚至不能维持村级事务的正常运转，更无力承担机耕道路等烟叶生产基础设施的维护费用。因此，今后应继续加大机耕道路的建设力度，同时要提高烟田机耕道路的建设标准。一是要提高水泥硬化机耕道路的比例。相对而言，水泥机耕路修建成本偏高，但是养护成本较低，比较适合农村的现实情况。二是增加机耕道路的路宽，允许大中型农业机械的正常通行。受地理条件限制的烟区，应能保证小型农业机械的正常通行。

5.4.3 密集烤房

烘烤是烟叶生产过程中的一个重要环节，对烟叶品质和可用性起着决定性作用。先进的烟叶烘烤设备是提高烟叶品质、降低劳动强度和生产成本的重要保障。密集烤房一直是烟叶生产基础设施建设的重点。烟叶烘烤是一个大量耗能的过程，燃煤是目前已建成的密集烤房最主要燃料，能耗较高，热能利用率较低且对空气造成较大污染。据测算每烘烤1千克干烟叶，耗煤量一般为 1.5～2.0 千克，热能利用率仅为 20％左右。烘烤时的燃煤排放成为烟叶生产最主要的污染来源，饱受诟病。

今后，密集烤房的建设要以提高烟叶烘烤品质、降低烘烤成本和烘烤能耗，减少因烘烤造成的环境污染为目标，积极研发和推广提质、降耗、环保型烤房设备。试验示范清洁能源在烘烤中的应用，如电能、太阳能以及生物质能（生物质能是指农林作物及其残体、水生植物、人畜粪便、动物残体、城市生活和工业有机废弃物等转化成的能源）等。

5.4.4 农业机械

自 2010 年烟草行业实施烟草农业机械购置补贴以来，烟叶生产的装备水平、装备结构以及烟叶生产机械化水平都取得了明显进步，有效促进了烟叶稳定发展和烟农持续增收。从机械化作业情况来看，调研数据显示襄城县预整深耕、起垄、剪叶、施肥乃至中耕培土、覆膜等环节的机械化作业水平较高，其中预整深耕、起垄、剪叶、施肥等环节机械化作业率达到 100%，中耕培土和覆膜的机械化作业率分别为 80% 和 60%。相比而言，移栽、采收、分级等环节的机械化作业率较低，机械化移栽比例只有 20% 左右，机械化采收比例则更低。

从减工、降本、增效的烟叶生产发展要求看，补贴机具的重点应该是那些用工较多的烟叶生产机械，如耕作机械、移栽机械、采摘机械、装烟烘烤等。由于不同环节和不同地区烟叶生产机械化作业水平的不同，今后烟草农业机械补贴趋势应该是实行差别化的补贴标准。一是对不同农机具差别对待。要对那些能够有效降低烟叶生产劳动强度、减少劳动用工，目前还没有被广泛使用的烟草农业机械加大补贴力度，如移栽机、采摘机等。对一些已经相对饱和的机具，如小型拖拉机等可以适当降低补贴标准或不补贴。二是对不同地区差别对待问题。为了统筹、协调不同地区烟草农业机械化水平有必要对经济发展落后，烟农收入较低的地区适当提高补贴标准。此外，为了让烟农对烟草农业机械不仅买得起，还要用得起、用得好，可以对农业机械用油、农民技术培训、农业机械修理等给予支持和补贴。

5.5　结论和启示

运用实地调研数据，本章在详细描述襄城县2005—2012年烟叶生产基础设施建设变化的同时，结合烟农对烟叶生产基础设施的需求状况，系统地讨论了今后烟叶生产基础设施建设需要注意和解决的问题。研究结果表明，2005年以来烟叶产区基础设施建设活动非常活跃，取得了显著成果。而随着现代烟草农业建设进程的推进，烟叶生产基础设施建设表现出较为明显的阶段性特征，每个阶段建设的侧重点有所不同。

根据烟叶生产基础设施建设现状，结合烟农的需求优先序，本研究认为今后烟叶生产基础设施建设应该注意以下几个问题：首先，从优先序来看，机耕道路、灌溉以及密集烤房仍然是今后烟叶生产基础建设的重要领域。其次，应该提高今后烟田机耕路的建设标准，一方面要提高水泥硬化机耕道路的比例，以降低养护成本；另一方面要增加机耕道路的宽度，保证大中型农机的正常通行。再次，对于烟田灌溉设施建设，要发展以低压管道输水灌溉、喷灌、微灌为代表的高效节水技术，提高地下灌溉水利用系数；继续增加地表水灌溉水源数量的同时提高地表水灌溉水源的有效补水能力，寻找可靠的水源补水线。还要积极研发和推广提质、降耗、环保型烤房设备。试验示范电能、太阳能、生物质能等清洁能源在烘烤中的应用。以减工降本增效为目标，实施差别化的烟草农业机械补贴，适时调整补贴标准和补贴种类。

第6章 现代烟草农业基地单元建设现状和运行管理模式分析

　　河南省农业生产条件和自然资源优越，历来是我国主要农产品的重要生产基地。河南省也是全国"三农"问题最为突出的区域之一、推进新一轮工业化和城镇化的重点区域、内需增长极具潜力的区域，在新时期国家区域发展格局中占有举足轻重的战略地位。烟叶是烟草行业发展的重要基础，是我国农业的重要组成部分。发展现代烟草农业是烟草行业实施乡村振兴战略和建设社会主义新农村的重大历史任务。河南省是我国传统的烤烟主产区，也是我国浓香型烤烟的代表产地之一。河南浓香型烟叶是中式卷烟需求的主要优质烟叶原料，在中式卷烟中具有不可替代的作用，对我国烟草行业发展具有重要战略意义。

　　烟叶基地单元是以工业需求确定生产，以品牌发展引导生产，以基地建设促进生产的烟叶生产新模式，已成为我国烟草行业保质量、上水平的基础和关键。以基地单元为载体是烟草行业推进现代烟草农业建设的基本思路。经过几年的建设，基地单元已经成为烟叶生产经营和基层管理的基本业务单位，承担着落实烟叶计划合同、建设烟田基础设施、组织生产收购服务等多项职能，是实现原料供应基地化、烟叶品质特色化和生产方式现代化的有效载体，也是实现现代烟草农业的重要抓手。

　　许昌市襄城县和洛阳市宜阳两县是国家烟草专卖局确定的

首批全国整县推进现代烟草农业建设的试点单位，两县以基地单元为主要载体和抓手开始进入现代烟草农业建设的快车道。目前，襄城县有 5 个被列入国家局的基地单元，分别是河南中烟汾陈基地单元、上海烟草集团王洛基地单元、云南红云红河十里铺基地单元、吉林中烟颍阳基地单元和河南中烟双庙基地单元。宜阳县共建设有 3 个基地单元，分别是河南中烟张坞基地单元、湖北中烟赵保基地单元 2 个国家级基地单元以及省级自建基地单元川渝中烟石村基地单元。

本部分主要对上述七个国家级和一个省级自建现代烟草农业基地单元建设情况和运行管理模式进行全面梳理和系统介绍，并对近年来现代烟草农业基地单元建设取得的成效进行总结，以期为进一步推动现代烟草农业基地单元建设，优化现代烟草农业基地单元管理模式，提高烟叶生产企业的原料保障水平，推进烟区现代烟草农业建设提供一定借鉴。

6.1 基地单元基本情况

6.1.1 襄城县基地单元基本情况

襄城县位于河南省中部，属于河南省许昌市，位于中原腹地，地处黄淮海平原西缘，位于北纬 33°51′04″，东经 113°28′54″，东与许昌、临颍、鄢城，南与舞阳、叶县、平顶山市郊区，西与郏县，北与禹州市等县市相邻。总面积 920 平方千米。襄城县属暖温带大陆季风性气候，四季分明。全县一般冬季受大陆性气团控制，夏季受海洋性气团控制，春秋为二者交替过渡季节。春季时间短，干旱多风，气温回升较快；夏季时间长，温度高，雨水集中，时空分布不匀；秋季时间短，昼夜温差大，降水量逐渐减少；冬季时间长，多风，寒冷少雨雪。年平均日照总时数为 2 281.9 小时，年平均日照率为 52%，全年太阳辐射总量为 121.49 千卡*/平方厘米。农作物生长季节的太阳总辐射、光合有效辐射及日照均比较充裕，可满足农作物一年两熟的需要。现辖 10 镇 6 乡，448 个行政村（社区），耕地保有量 96.5 万亩，基本农田面积 82 万亩。襄城县总人口 88.17 万人，常住人口 69.23 万人，城镇人口 29.19 万人，乡村人口 40.04 万人，常住人口城镇化率 43.81%。

襄城县烟叶种植历史悠久，被毛泽东主席赞誉为"烟叶王国"，是我国三大烤烟发源地之一，是中国烟草文化之乡和中国烟草文化研究基地。襄城县所产烟叶香气浓郁，吸味醇和，是我国浓香型烟叶的典型代表，"襄城烤烟"通过"国家农产品地理标志"认证。襄城县常年种烟面积 10 万亩左右，收购烟叶量 30 万担左右，是河南省烤烟生产第一大县，也是国家烟草专卖局确定的首批整县推进现代烟草农业建设示范县。至今，襄城县已建设有 5 个基地单元，分别是河南中烟汾陈基地单元、上烟集团王洛基地单元、红云红河十里铺基地单元、吉林中烟颍阳基地单元和河南中烟双庙基地单元，这 5 个基地单元均被列入国家级基地单元。

1. 河南中烟汾陈基地单元

河南中烟襄城县汾陈基地单元设在襄城县汾陈乡。汾陈乡位于县城北 16 千米处，东临颍阳镇、颍回镇，西临王洛镇，南临库庄镇，北临禹州市范坡乡。汾陈乡总面积 45.2 平方千米，下辖 30 个行政村，62 个自然村，194 个村民小组，总人口 5.2 万人，耕地面积 6.1 万亩。汾陈乡是农业大乡，以烟叶种植为特色，农作物以玉米、小麦、红薯等为主。

---

* 卡为非法定计量单位，1 卡＝4.18 焦耳，下同。

河南中烟襄城县汾陈基地是在国家局成熟度项目和部分替代进口烟项目的基础上于 2010 年开始建设，烟叶"浓香型"特色风格突出。汾陈基地单元基本烟田面积 3.2 万亩，烟叶种植面积常年维持在 1.5 万亩左右，收购烟叶 5 万担左右。2012 年，以满足工业企业品牌需求为目标，规划基本烟田 48 000 亩，落实种烟村 30 个、种烟农户 1 084 户，签订合同种植面积 17 830 亩，户均面积 16.4 亩。

汾陈基地单元地貌属平原地带，土壤为褐土和潮土，土质疏松，通透性强，富含磷钾，有机质和速效氮含量中等，水资源丰富，降雨和温度的变化规律与烟叶的生长发育规律相吻合，是形成浓香型烟叶特色的重要条件，具备优越的烟叶生产条件和社会环境。基地内现有机井 882 眼，密集烤房 938 座，管网 80.88 千米，已修机耕路 229.2 千米，高标准育苗大棚 1 座，日光大棚 60 座，烟机 65 套（台）；现代化烟叶收购站 1 个，标准化收购站 1 个。

2. 中华品牌王洛基地单元

中华品牌王洛基地单元设在襄城县王洛镇。王洛镇位于许昌市襄城县西北部，辖 33 个行政村，58 个自然村，256 个村民组，总人口 6 万多人，共有耕地 6.8 万亩，地域面积 66.7 万平方千米。王洛镇是个典型的农业大镇，全镇农业生产粮食作物以小麦、大豆、玉米为主，年种植小麦约 4 万亩，产粮 2 万吨左右，经济作物以烟叶、红薯为主。

王洛镇是许昌市的"烟叶科技示范区"之一，规模很大，素有"烟叶王国"之称。毛泽东主席曾在 1958 年 8 月 7 日来到襄城县视察工作时看到了烟叶，非常喜悦并题词：你们这里简直成了烟叶王国了！上烟集团襄城县王洛基地单元是在国家局成熟度项目和部分替代进口烟项目的基础上于 2010 年开始建设，2011 年顺利通过国家局验收，2012 年被国家局评为全国优秀基地单元，2011 年被上海集团命名为"典型特色优质烟基地单元"。单元内规划基本烟田面积 4.8 万亩，常年种烟 2 万亩左右，收购烟叶 6 万担左右。

王洛基地单元地貌属浅丘陵地带，土壤为褐土和潮土，土质疏松，通透性强，富含磷钾，有机质和速效氮含量中等，水资源丰富，降雨和温度的变化规律与烟叶的生长发育规律相吻合，是形成浓香型烟叶特色的重要条件，具备优越的烟叶生产条件和社会环境。基地内现有机井 700 眼，密集烤房 880 座，管网 41.78 千米，排洪渠 16 千米，已修机耕路 88.1 千米，高标准育苗大棚 1 座，育苗大棚 20 座，烟机 94 台（套）；现代化烟叶收购站 1 个，标准化收购站 2 个。

3. 红云红河十里铺基地单元

红云红河十里铺基地单元设在襄城县十里铺乡、紫云镇。十里铺乡位于县城西 10 千米处，耕地 46 535 亩，下辖 29 个行政村，50 个自然村，总人口 52 167 人，总面积 77 平方千米，常年以种植蔬菜、烟叶为主，是个典型的农业大乡，全乡基本烟田面积 2.2 万亩，常年种烟 1.5 万余亩；紫云镇位于县城南部 12 千米处，耕地 34 703 亩，下辖 26 个行政村，117 个自然村，总人口 47 103 人，总面积 81.9 平方千米，其中山地面积占 70%，耕地面积 38 953 亩，人口 47 942 人，全镇基本烟田面积 0.8 万亩，常年种烟 5 000 余亩，收购烟叶 2 万担左右。红云红河襄城县十里铺基地单元是在国家局成熟度项目和部分替代进口烟项目的基础上于 2010 年开始建设，烟叶"浓香型"特色风格突出。

红云红河十里铺基地单元地貌属山地，土壤为褐土和潮土。基地单元内共有耕地 8 万余亩，基本烟田面积 3 万亩，土质疏松，通透性强，富含磷钾，有机质和速效氮含量中等，水资源丰富，降雨和温度的变化规律与烟叶的生长发育规律相吻合，是形成浓香型烟叶特色的重要条件，具备优越的烟叶生产条件和社会环境。基地单元内现有机井 536 眼，管网 51.89 千米，小塘坝 1 座，密集烤房 658 座，已修机耕路 41.5 千米，日光大棚 20 座，烟机 8 套（台）；现代化烟叶收购站 1 个，标准化收购站 1 座。

4. 吉林中烟颍阳基地单元

吉林中烟颍阳基地单元，位于襄城县北部及东部，包括颍阳、丁营、范湖、姜庄四个乡（镇）。辖区总人口 154 607 人，耕地面积 21.6 万亩，宜烟面积 16.25 万亩。规划 56 个种烟村、804 户种烟户，规划基本烟田面积 4.8 万亩，计划种烟 1.8 万亩，计划收购量 5.4 万担。

该单元属平原地带，地形平坦，土壤质地良好，多属轻壤、中壤，土体深厚，通透性能良好，汝河、颍河两岸土质以沙壤土为多，无霜期 210 天左右，年平均气温 14.8℃左右，成熟期日均温在 20℃以上，大田期降雨量 700 毫米左右且分布均匀。

颍阳基地单元以农业种植为主，主要有粮食、烟叶、蔬菜等，年均种烟面积 1.8 万亩左右，烟叶产量 5.4 万担左右，是襄城县烟叶主要种植区域，是典型的浓香烟型质量风格。2005 年以来，单元内已建设基础设施项目 1 377 个，其中小塘坝 1 处、排洪渠 5.2 千米、提灌站 17 处、管网 4.11 千米、机井 446 眼，密集烤房 715 座，烟草机械 282（套），配套烟路 55.3 千米。

5. 河南中烟双庙基地单元

河南中烟双庙基地单元，位于襄城县东部及东南部，包括双庙、库庄、山头店三个乡（镇）。辖区总人口 98 626 人，耕地面积 11.05 万亩，宜烟面积 8 万余亩。规划 37 个种烟村、648 户种烟户，规划基本烟田面积 4.8 万亩，计划种烟 1.7 万亩，计划收购量 5.1 万担。

双庙基地单元属平原地带，地形平坦，土壤质地良好，多属轻壤、中壤，土体深厚，通透性能良好，汝河、颍河两岸土质以沙壤土为多，无霜期 210 天左右，年平均气温 14.9℃左右，成熟期日均温在 20℃以上，常年降雨量 744 毫米左右。该单元以农业种植为主，主要有粮食、烟叶、蔬菜等，年均种烟面积 1.7 万亩左右，烟叶产量 5.1 万担左右，是襄城县烟叶主要种植区域，是典型的浓香烟型质量风格。2005 年以来，单元内已建设基础设施项目 1 245 个，其中小塘坝 1 处、排洪渠 4.6 千米、提灌站 15 处、管网 3.51 千米、机井 412 眼，密集烤房 698 座，烟草机械 264（套），配套烟路 44.8 千米。

6.1.2 宜阳县基地单元基本情况

宜阳位于河南省洛阳市西部，地跨东经 111°45′～112°26′，北纬 34°16′～34°42′，地处豫西浅山丘陵区，地貌特征为"三山六陵一分川，南山北岭中为滩，洛河东西全境穿"。东连洛阳，西接洛宁，南与嵩县、伊川交界，北与新安、渑池为邻，总面积 1616.8 平方千米，占河南省总面积的 1%，洛阳市总面积的 11%。宜阳县属暖温带大陆性季风气候，春温、夏热、秋凉、冬寒。年均气温 14.8℃，平均地温 12.8℃，年降水量 500～800 毫米，无霜期 200 天左右，全年日照在 1 847.1～2 313.6 小时，日照率为 47%，冬季因受蒙古高压控制，多偏北风。夏季多偏东风，平均风速为 25 米/秒。全年无霜期平均 228 天，可满足农作物一年两熟或三熟对温度条件的要求。下辖 12 镇 4 乡，户籍人口 70.67 万人，常住人口 60.83 万人。其中，城镇化率 39.84%。

宜阳县烤烟种植历史悠久，自 1976 年引种"烤烟"，至今已有 30 多年种烟历史。宜阳县现有耕地面积 97.8 万亩，宜烟面积 70 万亩，收购烟叶量 0.8 万吨左右。烟田多分布在海拔 400～600 米，土壤多为红黏土、立黄土，富钾低氯，pH 7～8，物理性状良好；年平均降水量 685.4 毫米，平均气温 14.4℃，无霜期 224 天，光照充足，气候温和，昼夜温差较大，烟叶生长生态条件十分优越。

宜阳属于全国优质烟叶种植适宜区，是浓香型优质烟的主要产区，烟叶色泽金黄，厚薄适中，油润丰满，结构疏松，香气浓郁。下部叶烟碱含量在 1.5% 左右，中部叶烟碱含量在 2.5% 左右，上部叶烟碱含量在 3.5% 左右，淀粉含量小于 8%，所产烟叶色泽金黄，厚薄适中，油润丰满，结构疏松，香气浓郁，吃味醇正，化学成分协调，配伍性强。2007 年被省政府评为"河南省名牌农产品"。2009 年被国家局确定为"国家级烟叶标准化生产优秀示范区"。烟叶走向主要集中在河南中烟、湖北中烟、川渝中烟、福建中烟等重点卷烟工业企业。

烟叶是宜阳农业支柱产业，全县现有植烟乡（镇）14 个，植烟村 242 个，植烟农户 5 000 余户，基本烟田面积 13.5 万亩，基本烟田数量 286 块，年植烟面积稳定在 8 万亩左右，年产烟叶 19 万担，烤烟产值占经济作物产值的 67%。宜阳生产的烟叶色泽金黄，厚薄适中，油润丰满，结构疏松，香气浓郁。宜阳县共建设有 3 个基地单元，分别是河南中烟张坞基地单元、湖北中烟赵保基地单元 2 个国家级基地单元以及省级自建川渝中烟石村基地单元。

1. 湖北中烟赵保基地单元

赵保基地单元位于宜阳县中南部，涉及赵保、董王庄、白杨、樊村四个乡镇，57 个行政村，总耕地面积 16.45 万亩，宜烟面积 15.87 万亩。烟田分布于丘陵地带，平均海拔高度 436.5 米。辖 29 个植烟村，839 个村民小组，33 209 户，139 995 人，其中种烟户数 782 户。该基地单元烟田分布在丘陵地带，土地较为贫瘠，沙质土壤多，烟叶种植区土壤多为红黏土，平均海拔高度 436.5 米，年均气温 14.5℃，年平均降雨量 680.5 毫米，现有耕地面积 16.45 万亩，宜烟面积 15.87 万亩。规划基本烟田面积 4.7 万亩，年均烟叶种植面积 1.7 万亩左右，烟叶收购量 6.5 万担左右。对口供应湖北中烟黄鹤楼品牌。规划核心区为郭凹村（1 500 亩）、赵坡村（1 600 亩）两个示范区。

2. 河南中烟张坞基地单元

张坞基地单元位于宜阳县西部洛河南岸。地处北纬 34°25′，东经 111°49′。属半山半川地带。东接莲庄乡，西连洛宁县涧口乡，南和穆册、上观乡毗邻，北同三乡相望，东西 20 千米，南北约 5 千米，面积 115.01 平方千米，耕地 4 584.1 亩（水地 14 111 亩）。宜（阳）故（县）公路贯穿东西。距县城 40 千米，海拔 281 米。境内有七峪河、龙窝河、庞沟河、寺沟河、瓦沟河、通阳河等，均由南向北入洛。张坞基地单元规划年度种植面积为 1.55 万亩，配备技术员 13 人，人均服务面积 1 053 亩。

张坞基地单元生产的烟叶具有典型的浓香型特征风格，香气浓郁、纯正、香气质为好—较好，香气量为足—较足；烟气细腻、烟味厚实，成团性好；浓度稍浓，劲头适中；杂气轻微，刺激性小；余味干净舒适，甜感较明显；燃烧性较好，灰色灰白。烟叶化学成分年度之间均匀稳定，协调性好。外观质量：成熟度好，颜色橘黄至柠檬黄，较均匀一致，烟叶与叶背色差小；光泽度强，色度较强，油分为足一较足；弹性较好，结构疏松，身份中等。各等级质量符合相应等级的国家标准要求，等级合格率80%以上。

3. 川渝中烟石村基地单元

涉及三乡乡、高村乡、韩城乡，辖60个植烟村，570个村民小组，31 513户，135 574人，其中种烟户数1 301户。该区域属丘陵地带，土壤质地为黏土，平均海拔高度393米，年均气温14.7℃，年平均降水量680.7毫米，现有耕地面积16.52万亩，宜烟面积14.1万亩。规划基本烟田面积6.5万亩，年均烟叶种植面积2.3万亩左右，烟叶收购量7.5万担左右。规划烟叶工作站为石村烟叶工作站，收购点为三乡、黄河、高村、张园、丰涧、韩城6个烟叶收购点，划分为石村、三乡、黄河、张园、高村、丰涧、韩城等7个管理片区。对口供应河南中烟黄金叶品牌。规划核心区为石村村（2 600亩）、坡头村（1 600亩）、丰涧村（1 700亩）、孔昌村（1 100亩）。

6.2 基地单元建设现状

6.2.1 基本烟田连片现状

加强土地整理，建设连片基本烟田是提高土地利用率、连片种植率、机械化作业率和农民增收的现实需要，也是推进现代烟草农业建设、促进烟叶产业持续健康发展的客观需要。经过几年的建设，襄城县和宜阳县基地单元基本烟田建设取得了较为显著的成效，烟田的细碎化程度得到较为明显的改善。襄城县因为地处平原地区，基地单元基本烟田连片程度相对较高。总体来看，襄城县 5 个基地单元的基本烟田面积平均为 4.8 万亩，其中 1 000 亩以上连片面积平均达到 3.58 万亩，占 74.56%；500～1 000 亩连片面积平均为 0.78 万亩，占 13.77%；200～500 亩以下连片面积 0.44 万亩，占 9.17%。可以看出，襄城县基本烟田呈现出以 1 000 亩以上连片为主体的分布格局。由于地形条件的不同，襄城县各基地单元基本烟田的连片情况存在着一定程度的差异。譬如，王洛单元基本烟田连片程度最高，连片的基本烟田面积都在 1 000 亩以上，而颍阳单元和双庙单元的连片程度在 5 个单元中相对较低，200～500 亩连片面积较大，占比较高。

而宜阳县基地单元由于地处豫西山区，基本烟田连片程度低于襄城县，基本烟田连片面积单元平均 2.64 万亩。基本烟田的分布呈现出以 500 亩以上连片为主体的格局，其中，500～1 000 亩连片每个基地单元平均为 1.15 万亩，占比为 43.54%，1 000 亩以上连片面积为 0.94 万亩，占 35.48%，200～500 亩连片面积为 0.5 万亩，占 18.94%。其中，石村单元和张坞单元连片程度相对较高，500 亩以上连片面积分别占到 96.9% 和 90.65%；相较而言，赵保单元基本烟田连片程度较低，500 亩以上连片烟田面积占比为 33.33%（表 6 - 1）。

表 6 - 1 基地单元基本烟田连片情况

单位：万亩，%

基地单元	总面积	其中：200～500 亩连片		500～1 000 亩连片		1 000 亩以上连片	
		面积	占比	面积	占比	面积	占比
王洛单元	4.8	0.00	0.00	0.00	0.00	4.80	100.00
汾陈单元	4.8	0.00	0.00	0.60	12.50	4.20	87.50
十里铺单元	4.8	0.48	10.00	0.90	18.75	3.42	71.25

（续）

基地单元	总面积	其中：200～500 亩连片		500～1 000 亩连片		1 000 亩以上连片	
		面积	占比	面积	占比	面积	占比
颍阳单元	4.8	0.84	17.40	1.45	30.21	2.52	52.40
双庙单元	4.8	0.89	18.44	0.96	19.90	2.96	61.67
襄城县合计/平均	4.8	0.44	9.17	0.78	13.77	3.58	74.56
赵保单元	1.76	1.12	58.33	0.12	6.25	0.52	27.08
张坞单元	3.1	0.29	9.35	1.56	50.32	1.25	40.32
石村单元	2.9	0.09	3.10	1.77	61.03	1.04	35.86
宜阳县合计/平均	2.64	0.50	18.94	1.15	43.54	0.94	35.48

6.2.2 连片种植规模现状

集中、连片的规模化和集约化种植是建设现代烟草农业的基本要求。集中、连片的规模化和集约化种植一方面有利于各项农业生产技术措施的统一实施，减少由于生产技术差异带来的烟叶产量和质量的不均衡；另一方面也可以克服地块零散、不连片无法实行机械连片作业的弊端，有利于实现烟叶种植的机械化作业，提高农业机械对人力劳动的替代水平，从而切实减轻烟农的劳动强度。

总体来看，襄城和宜阳这两个整县推进现代烟草农业建设的示范县连片种植布局主要以 500～1 000 亩连片和 1 000～2 000 亩连片为主。调查数据显示，两县烤烟连片种植总面积为 12.76 万亩，占基本烟田总面积的 40%。其中，500～1 000 亩的连片种植面积 4.05 万亩，占比接近三分之一，为 31.7%，1 000～2 000 亩连片种植面积为 2.65 万亩，占 20.1%。100 亩以下连片种植面积相对较小，为 1.68 万亩，占 13.2%。

按照烤烟生产任务和轮作要求,襄城县基地单元当年烤烟连片种植面积为 9.3 万亩,占基本烟田总面积的 38.8%。从连片规模化种植情况看,襄城县基地单元 500 亩以上连片种植规模面积达到 6.84 万亩,占当年烤烟种植面积的 73.5%,而 100 亩以下连片种植面积只有 1.22 亩,占比 13.4%。分单元来看,王洛基地单元烤烟集中,连片规模化种植实现情况最好,2 000 亩以上连片种植面积高达 0.9 万亩,占当年种植面积 50%。相较而言,汾陈基地单元和双庙基地单元集中、连片规模化种植实现程度较低,单元内 30% 左右的连片种植面积在 500 亩以下。

宜阳县因为地处山区,烤烟集中、连片规模化种植实现程度相较于襄城县低一些。宜阳基地单元烤烟连片种植面积为 3.46 亩,占基本烟田总面积的 44.6%。从集中、连片规模化种植情况看,宜阳县基地单元主要以 100~2 000 亩连片为主,连片种植面积为 3 万亩,占比 87.3%。但是由于地形条件的限制,2 000 亩以上的连片种植尚未形成。分单元来看,宜阳县三个基地单元中,赵保单元的连片规模化种植程度相对较高,100 亩以下连片种植面积只有 0.09 万亩,占比仅为 8.8%。张坞单元连片规模化种植程度较低,100 亩以下连片种植面积占比达到 18.2%(表 6 - 2)。

表 6 - 2　基地单元连片种植情况

单位:万亩、%

单元名称	总面积	100 亩以下		100~500 亩		500~1 000 亩		1 000~2 000 亩		2 000 亩以上	
		面积	占比	面积	占比	面积	占比	面积	占比	面积	占比
汾陈单元	1.77	0.36	20.34	0.19	10.73	0.70	39.55	0.28	15.82	0.24	13.56
王洛单元	1.80	0.18	10.00	0.26	14.44	0.12	6.67	0.34	18.89	0.90	50.00

（续）

单元名称	总面积	100 亩以下		100～500 亩		500～1 000 亩		1 000～2 000 亩		2 000 亩以上	
		面积	占比	面积	占比	面积	占比	面积	占比	面积	占比
十里铺单元	1.80	0.24	13.33	0.25	13.89	0.40	22.22	0.51	28.33	0.40	22.22
颍阳单元	2.21	0.19	8.60	0.23	10.41	1.02	46.15	0.14	6.33	0.63	28.51
双庙单元	1.72	0.25	14.53	0.31	18.02	0.56	32.56	0.60	34.88	0.00	0.00
襄城县合计/平均	9.3	1.22	13.36	1.24	13.50	2.8	29.43	1.87	20.85	2.17	22.86
赵保单元	0.96	0.09	8.82	0.56	58.09	0.06	6.12	0.26	26.97	0.00	0.00
张坞单元	1.37	0.25	18.19	0.27	19.72	0.55	40.18	0.30	21.91	0.00	0.00
石村单元	1.13	0.13	11.08	0.14	12.40	0.64	57.03	0.22	19.49	0.00	0.00
宜阳县合计/平均	3.46	0.46	12.70	0.97	30.07	1.25	34.44	0.78	22.79	0	0.00

6.2.3　烤烟生产组织形式现状

基本烟田的连片建设和烟叶的连片种植为专业大户和家庭农场等新型烟叶生产组织的形成创造了现实条件。调查数据显示,襄城和宜阳两县 8 个基地单元烟农烤烟种植面积平均为 21.8 亩,襄城县基地单元烟农烤烟种植面积平均为 20.7 亩,宜阳县基地单元烟农烤烟种植面积为 25.7 亩。两县基地单元中烤烟种植面积在 10 亩以上农户分别占 92% 和 99%,他们种植的烤烟面积占比分别达到 94.4% 和 93%,这表明基地单元中烤烟生产规模经营主体已经初步形成。此外,两县基地单元中有的已经开始出现烤烟种植面积在 100 亩以上新型规模化的烤烟种植主体。襄城县烤烟种植主体中,100 亩以上规模的农户数量占到 4.5%,他们种植的烤烟面积占比达到 24.7%。宜阳县家庭农场数量占比为 0.9%,种植烤烟面积占比为 0.07%（表 6-3）。

表 6 - 3　基地单元规模化种植情况

单元名称	合计		10 亩以下		10～100 亩		100 亩以上	
	户数（户）	面积（万亩）	户数（%）	面积（%）	户数（%）	面积（%）	户数（%）	面积（%）
汾陈单元	895	1.46	23.80	7.55	72.74	69.17	3.46	23.28
王洛单元	802	1.23	21.70	8.13	78.30	91.87	0.00	0.00
十里铺单元	913	2.02	18.41	3.96	74.25	60.40	7.34	35.64
颍阳单元	954	2.18	12.48	3.21	80.39	63.30	7.13	33.49
双庙单元	782	1.70	13.94	5.29	81.59	63.47	4.48	31.24
襄城县合计/平均	4345	9.00	18.06	5.63	77.45	69.64	4.48	24.73
赵保单元	362	0.96	0.01	0.07	99.99	99.93	0.00	0.00
张坞单元	450	1.22	0.02	0.07	97.25	99.71	2.73	0.22
石村单元	356	1.05	0.00	0.08	100.00	99.92	0.00	0.00
宜阳县合计/平均	1168	3.00	0.01	0.07	99.08	99.86	0.91	0.07

　　由于各基地单元间农村经济发展水平、自然地理条件以及农村劳动力向非农产业转移程度等多种因素存在着的差异，加之各个基地单元土地流转和农户烤烟种植的规模化情况也不尽相同，因此，基地单元间烟农烤烟种植规模呈现出一定差异。襄城县颍阳单元和十里铺单元烟农规模化种植程度相对较高，10 亩以上规模农户占到 82% 以上，他们种植的烤烟面积占比超过 95%；汾陈单元和王洛单元 10 亩以上规模农户占比不到 80%，种植的烤烟面积占比 93% 左右。宜阳县三个基地单元烟农规模化种植程度非常接近，10 亩以上规模种植农户占比接近 100%，烤烟种植面积占比 99% 左右（表 6 - 3）。

6.2.4　机械化作业现状

　　按照"提质增效、创新驱动"要求，烟草行业调整优化烟田设备结构，主攻烟田耕作机械化，自 2010 年开始实施烟草农业机械购置补贴以来基地单元的装备水平、装备结构以及烟叶生产机械化水平都取得了明显进步，有效促进了烟叶稳定发展和烟农持续增收。基地单元拥有的作业机械种类丰富，从深耕、起垄、培土、移栽机械到施肥、覆膜机械、剪叶机械覆盖烟叶作业范围较广泛。7 个基地单元共有深耕机械 252 台，起垄机械 185 台，剪叶机械 153 台、培土机 220 台、移栽机 108 台、覆膜机 357 台以及施肥机 290 台（表 6 - 4）。基地单元机械设备的作业面积覆盖烟田的比重较高。平均来看，深耕机、起垄机覆盖烟田面积的比重 97.1％，剪叶机的覆盖比例达到 100％，覆膜机、施肥机、培土机的覆盖比例分别为 75.4％、71.4％和 61.7％。与以上作业的机械化程度相比，移栽机作业面积相对较小，覆盖烟田的比重只有 21.9％（表 6 - 5）。

表 6 - 4　基地单元机械设备数量

单位：台,％

单元名称	深耕机		起垄机		剪叶机		培土机		移栽机		覆膜机		施肥机	
	数量	占比	数量	占比	数量	占比	数量	占比	数量	占比	数量	占比	数量	占比
汾陈	25	9.9	25	13.5	29	19.0	40	18.2	54	50.0	65	18.2	145	50.0
王洛	48	19.0	29	15.7	24	15.7	87	39.5	5	4.6	68	19.0	25	8.6
十里铺	36	14.3	24	13.0	27	17.6	36	16.4	29	26.9	53	14.8	29	10.0
颍阳	53	21.0	37	20.0	28	18.3	31	14.1	6	5.6	61	17.1	24	8.3
双庙	50	19.8	30	16.2	25	16.3	26	11.8	7	6.5	65	18.2	37	12.8
张坞	20	7.9	20	10.8	12	7.8	0	0.0	7	6.5	20	5.6	30	10.3
赵保	20	7.9	20	10.8	8	5.2	0	0.0	0	0.0	25	7.0	0	0.0
合计	252	100.0	185	100.0	153	100.0	220	100.0	108	100.0	357	100.0	290	100.0

表6-5 基地单元机械化作业覆盖率

单位:%

单元名称	深耕机	起垄机	剪叶机	培土机	移栽机	覆膜机	施肥机
汾陈单元	100	100	100	85	23	68	100
王洛单元	100	100	100	100	56	100	100
十里铺单元	100	100	100	81	31	59	100
颍阳单元	100	100	100	75	20	63	100
双庙单元	100	100	100	91	23	78	100
张坞单元	80	80	100	0	0	80	0
赵保单元	100	100	100	0	0	80	0
平均	97.1	97.1	100.0	61.7	21.9	75.4	71.4

注:宜阳县石村基地单元数据缺失,故未能列出。

6.2.5 育苗工场建设现状

随着现代烟草农业建设的推进,烟叶生产的规模化、专业化、机械化和自动化程度不断提高,批量培育优质烟苗的工场化育苗方式应运而生。与传统烟叶育苗方式相比,工场化育苗具有占地面积小、育苗时间短、烟苗生长整齐、病虫害发生少、育苗效率高等特点,在烤烟生产中已被广泛使用。作为烤烟集约化、专业化育苗重要的保障设施,近年来基地单元育苗工场建设取得了长足发展。

截至目前,7个基地单元共建设育苗工场24个,育苗工场中有144个育苗大棚,31个育苗中棚,可供烟苗面积达到11.83万亩,实现了种烟面积的全覆盖。这24个育苗工场主要集中在襄城县基地单元中,襄城县5个基地单元共建设有22个育苗工场,除汾陈基地单元建设有2个育苗工场外,王洛、十里铺、颍阳和双庙基地单元建设育苗工场的数量均为

5个，行业补贴资金总额高达 4 762.3 万元。宜阳县张坞基地
单元和赵保基地单元各建设有 1 个育苗工场，其中赵保单元育
苗工场中全部为育苗大棚，数量为 6 个，张坞单元中全部为中
棚，数量 31 个（表 6 - 6）。

表 6 - 6　基地单元育苗工场建设现状

单元名称	合计		其中：大棚		中棚		小棚		行业补贴资金
	数量（个）	面积（万亩）	数量（个）	面积（万亩）	数量（个）	面积（万亩）	数量（个）	面积（万亩）	（万元）
汾陈单元	2	2.32	29	2.32	0	0.00	0	0.00	1 068.3
王洛单元	5	2.02	27	2.02	0	0.00	0	0.00	1 237.0
十里铺单元	5	2.08	20	2.08	0	0.00	0	0.00	708.0
颍阳单元	5	2.42	28	2.42	0	0.00	0	0.00	786.0
双庙单元	5	2.16	34	2.16	0	0.00	0	0.00	963.0
张坞单元	1	0.47	0	0	31	0.47	0	0.00	0.0
赵保单元	1	0.36	6	0.36	0	0.00	0	0.00	0.0
合计	24	11.83	144	11.36	31	0.47	0	0	4 762.3

注：宜阳县石村基地单元数据缺失，故未能列出。

6.2.6　密集烤房建设现状

烟叶烘烤是反映和决定烤烟品质和生产效益的关键的环节
之一。而烤房又是烤烟生产必不可少的设备，烤房设备的优劣
直接影响到烟叶烘烤的成败，是烤好烟叶的重要保障。随着我
国农村经济的发展和现代烟草农业的推进，烤烟生产组织方式
发生了重大变革，烟叶生产逐步向规模化、集约化、信息化、
专业化的方向发展。密集式烤房是现代烟草农业建设中重要的
基础设施，承载着促进烟叶适度规模种植与生产组织方式变革
的重任。密集式烤房的推广使用能够有效提高烘烤质量，极大
降低烘烤难度、减轻劳动强度和烘烤复杂性，增加烟农收益。

随着现代烟草农业建设的稳步推进，基地单元密集烤房建设成效显著。襄城县和宜阳县 7 个基地单元已累计投入19 663.6 万元用于密集烤房建设。目前，已建成密集烤房6 820 座，其中襄城县建成 5 778 座，占 84.7%；宜阳县建成1 042 座，占 15.3%。在襄城县已建成的 5 778 座密集烤房中，襄城县 5 基地单元共建设有 9 个烘烤工场，建有烤房 695 座，占比 12%；33 处 30～50 座密集烤房，建有烤房数量为1 349 座，占比 23.3%；10～30 座密集烤房 146 处，建有烤房数量 2 761 座，占比 47.8%；10 座以下密集烤房 113 处，建有烤房数量 973 座，占比 16.8%。在宜阳县已建成的 1 042 座密集烤房中，烘烤工场 1 处，位于张坞基地单元，建有烤房数量100 座，占比 9.6%；30～50 座密集烤房 3 处，建有烤房数量120 座，占比 11.5%；10～30 座密集烤房 25 处，建有烤房数量 361 座，占比 35.2%；10 座以下密集烤房 15 处，建有烤房数量 79 座，占比 7.6%（表 6 - 7）。

表 6 - 7 基地单元密集烤房建设现状

单元名称	10 座以下		10～30 座		30～50 座		烘烤工场		补贴资金万元
	处	座	处	座	处	座	处	座	
汾陈单元	26	188	26	769	3	232	1	107	3 899.0
王洛单元	20	167	28	701	4	176	3	248	4 978.0
十里铺单元	54	496	30	396	3	121	1	120	5 165.6
颍阳单元	6	55	33	420	13	440	2	110	2 740.0
双庙单元	7	67	29	475	10	380	2	110	2 881.0
张坞单元	3	17	9	150	1	40	1	100	0.0
赵保单元	12	62	16	211	2	80	0	0	0.0
合计	128	1 052	171	3 122	36	1 469	10	795	19 663.6

注：宜阳县石村基地单元数据缺失，故未能列出。

6.2.7 专业化服务提供现状

在工业化、城镇化、农业现代化同步推进的过程中，建设和发展服务型烟农专业合作社是发展现代烟草农业、推动烟叶生产方式转变，促进烟叶生产集约化和专业化分工，有效减工降本，增加烟农收益的必要要求。健全烟草农业社会化服务组织，能够完善统分结合的双层经营体制，弥补农村基本经营制度的不足；可以提升烟叶生产的规模化程度，大大缓解农村劳动力逐渐减少与烟叶生产稳定发展的矛盾，激活生产要素，优化资金、技术、劳动力等资源要素配置。烟农专业合作社的成立，使得依托行业补贴形成的大量可经营性资产有了可靠的去处，烟叶基础设施得到有效管护，保障了设施持续发挥作用。烟农合作社还是提升优质原料保证能力的重要途径，通过标准化、流程化作业，推进了烟叶标准化生产，提高了先进适用技术到位率，解决了小农生产差异性与烟叶质量均匀性的问题，促进了"三化"融合，提升了优质烟叶原料保障能力，推动了"卷烟上水平"。

围绕"减工、降本、提质、增效"的思路，襄城县和宜阳县通过推行"两头工场化、中间专业化"模式，在7个基地单元共成立了17个烟叶综合服务合作社，下设222个各种专业化服务队，包括30个机耕专业化服务队、31个商品化育苗服务社、31个植保服务社、65个专业化烘烤服务队和65个专业化分级服务社，主要负责各自分块的专业化服务队伍的组织管理、业务培训、工作指导、检查督办、制度建设与后勤保障服务。现代烟草农业综合服务社的组建和健全，完善了育苗、机耕、植保、烘烤、分级、运输等各种烟叶生产市场化专业服务体系。

推进育苗市场化是落实现代烟草农业"两头工场化、中间专业化"的一个重要突破口。为此，两县各个基地单元都成立了以育苗专业户为主的育苗服务队，队员数量达到 30 个，服务面积占基本烟田的 45.2%（表6-8）。目前烟叶种植已实现了专业化、集约化和商品化供苗。通过集约育苗，不仅提升了烟苗质量，保证了烟苗的统一移栽，缩短了烟叶移栽时间，而且还将广大烟农从复杂的育苗环节中解脱出来去从事其他方面的劳动，既增加了烟农收入，又可以促进烟区经济发展。

表6-8 基地单元育苗服务队基本情况

单元名称	数量（个）	队员数量（个）	服务面积（万亩）	基本烟田覆盖率（%）
汾陈单元	4	16	2.32	48.33
王洛单元	4	21	2.02	42.08
十里铺单元	5	11	2.08	43.33
颍阳单元	5	16	2.42	50.42
双庙单元	4	6	2.16	45.00
张坞单元	4	4	1.02	32.90
赵保单元	4	6	0.96	54.55
合计/平均	30	80	12.98	45.23

注：宜阳县石村基地单元数据缺失，故未能列出。

烟田的耕翻、整地、起垄与开沟是烟叶生产过程中用工最多、劳动强度最大的生产环节之一。为了减少烟叶生产的劳动用工，减轻烟农的劳动强度，提高烟叶生产效率，襄城县和宜阳县烟区大力推进机械化耕作服务。目前共成立了 31 个机耕服务队，服务面积为 10.97 万亩，占当年烤烟种植面积的 100%，基本烟田覆盖率率达到近 40%。由于各个基地单元地形条件、社会经济状况等不同，各基地单元之间机耕专业化服务提供上也存在较为明显的差异。宜阳县赵保单元机耕专业化服务烟田覆盖率最高，服务面积占当年烟叶种植面积的100%，基本烟田覆盖率达到54.6%，为7个单元中最高；而襄城县汾陈单元机耕专业化服务烟田覆盖率相对较低，为30.4%（表6-9）。

表6-9　基地单元机耕服务队基本情况

单元名称	数量 （个）	队员数量 （个）	服务面积 （万亩）	基本烟田覆盖率 （%）
汾陈单元	5	56	1.46	30.42
王洛单元	6	71	1.8	37.50
十里铺单元	4	60	1.8	37.50
颍阳单元	4	57	2.21	46.04
双庙单元	4	53	1.72	35.83
张坞单元	4	36	1.02	32.90
赵保单元	4	42	0.96	54.55
合计/平均	31	375	10.97	39.25

注：宜阳县石村基地单元数据缺失，故未能列出。

烟叶植保专业化服务是专业化生产服务体系的组成部分，是发展现代烟草农业、提高病虫害防治水平、保障烟叶生态安全和提高烟叶品质的客观要求。建立健全烟叶生产植保专业化服务体系是现代烟草农业服务领域的一项重要任务。在烟草行业的政策扶持、部门引导下，襄城和宜阳两县植保专业服务组织发展迅速，目前共有植保专业化服务队31个，队员数量141个，服务面积达到10.97万亩，基本烟田覆盖率达到39.3%。从基地单元各自情况来看，宜阳县赵保基地单元植保专业化服务提供能力最强，基本烟田覆盖率达到54.6%。襄城县汾陈单元专业化植保服务提供相对较弱，仅占基本烟田面积的 30.4% (表 6 - 10)。

表 6 - 10 基地单元植保服务队基本情况

单元名称	数量（个）	队员数量（个）	服务面积（万亩）	基本烟田覆盖率（%）
汾陈单元	5	32	1.46	30.42
王洛单元	6	26	1.8	37.50
十里铺单元	4	31	1.8	37.50
颍阳单元	4	15	2.21	46.04
双庙单元	4	19	1.72	35.83
张坞单元	4	8	1.02	32.90
赵保单元	4	10	0.96	54.55
合计/平均	31	141	10.97	39.25

注：宜阳县石村基地单元数据缺失，故未能列出。

烟叶烘烤是烟叶质量形成的关键环节，也是烟叶生产中技术要求最高、劳动强度最大、程序最复杂、投工量大的环节。以单个家庭为主的分散烘烤方式，由于缺乏有效的组织管理和技术指导，直接导致烟叶质量差异和波动性大，难以保证为卷烟工业企业提供数量充足、品质一致的优质原料。烟叶烘烤专业化服务能够有效减少烟农劳动强度和用工投入，切实落实烟叶烘烤技术要求，降低烘烤风险，减少烘烤损失，既可以增加烟农的烟叶生产收入，又可以提高烘烤后烟叶的整体质量水平。

然而，整体来看，襄城县和宜阳县烘烤专业化服务提供水平并不高。目前，两县 7 个基地单元共有 65 个专业化烘烤服务队，队员数量接近 450 名，他们提供的专业化烘烤服务烟田面积共有 7.48 万亩，基本烟田覆盖率为 28.9%。除了宜阳县赵保单元，其他各个单元专业化烘烤服务提供能力基本没有差异，基本烟田覆盖率均在 25％左右（表 6-11）。

表 6-11　基地单元烘烤服务队基本情况

单元名称	数量（个）	队员数量（个）	服务面积（万亩）	基本烟田覆盖率（％）
汾陈单元	15	66	1.2	25.00
王洛单元	12	65	1.06	22.08
十里铺单元	10	73	1.01	21.04
颍阳单元	11	86	1.13	23.54
双庙单元	9	68	1.1	22.92
张坞单元	4	42	1.02	32.90
赵保单元	4	46	0.96	54.55
合计/平均	65	446	7.48	28.86

　　烟叶专业化分级散烟收购是建设现代烟草农业一项重要内容，是对传统分级扎把烟叶收购方式的重大变革。相比于传统分级扎把收购模式，专业化分级散烟收购模式省去了扎把、预检等环节，简化了烟叶分级流程，对控制非烟物质混入，节省烟农用工和生产成本，提高烟叶等级纯度与等级质量，满足卷烟工业企业配方需求具有重要意义。

　　专业化分级散烟收购模式通常有两种，即"站点分收一体化"和"烘烤工场分收一体化"。站点一体化以收购站（点）为载体，实现分级、收购、工商交接一体化作业；工场一体化是以烘烤工场为载体，实现采收、烘烤、分级、收购、工商交接一体化作业。目前，黔西县专业化分级散烟收购普遍采用的是"站点分收一体化"的收购模式，根据统计，80％以上的散烟叶是通过站点分收一体化模式收购的。从襄城和宜阳两县专业化分级服务的提供能力上看，目前两县 7 个基地单元共有专

业化分级队伍 65 个，队员数量达到 446 人，专业化分级服务
面积为 7.48 万亩，基本烟田覆盖率为 28.9％。各单元间专业
化分级服务提供能力存在一定差异，宜阳赵保单元分级专业化
服务的提供能力较强，可以覆盖到 54.6％的基本烟田；襄城
县 5 个单元分级专业化服务提供能力相对较弱，基本烟田覆盖
率在 22％左右（表 6 - 12）。

表 6 - 12　基地单元分级服务队基本情况

单元名称	数量 （个）	队员数量 （个）	服务面积 （万亩）	基本烟田覆盖率 （％）
汾陈单元	15	66	1.2	25.00
王洛单元	12	65	1.06	22.08
十里铺单元	10	73	1.01	21.04
颍阳单元	11	86	1.13	23.54
双庙单元	9	68	1.1	22.92
张坞单元	4	42	1.02	32.90
赵保单元	4	46	0.96	54.55
合计/平均	65	446	7.48	28.86

6.3　基地单元运行和管理模式

6.3.1　烟站建设和管理

　　烟站是现代烟草农业基层工作站，烟站的管理水平在很大
程度上决定了基地单元建设的水平。原有烟站建设中存在着站
（点）设置不合理，布局分散，人力资源浪费严重，多数站
（点）设施简陋等问题。加强烟叶基层站点建设，有利于基层
站点更好地履行烟叶发展职责，提高基层站点的管理效率和工

作效率，增强烟叶自我发展能力，巩固烟叶生产的基础地位，推动烟草行业平稳健康发展。

以基地单元建设和生产组织方式调整为核心的现代烟草农业建设，引起了烟叶生产管理机构重组、烟叶生产管理体制转变和烟叶生产管理人员流动等企业内部管理方式的改革。按照"合理规划、相对集中、方便烟农、有利管理"的原则，襄城县和宜阳县对原有的烟叶工作站进行优化整合，整合后，每个基地单元各设1个标准化烟叶工作站，每个标准化烟叶工作站含4～5条标准化收购线，其中收购点收购线3～4条，烘烤工场收购线1～2条，7个基地单元总收购能力为30万担。

按照专业化分工的要求，统一基层站人员定编标准，配备基层站的农艺师、调制技师、分级技师、技术员队伍、辅导员队伍，提高基层烟叶生产管理人员的专业技术水平。目前，两县7个基地单元各设站长一名，技术人员10人左右，技术人员人均服务面积600亩以上。技术人员中中专以上文化程度达到80%以上，大专以上文化程度达到60%以上，技术人员的文化程度有了明显提高，技术服务能力不断增强。

此外，两县各基地单元还利用多种形式，开展继续教育；加大技术培训力度，通过专业技术职务评聘、职业技能鉴定等渠道，提升现有技术人员综合素质；通过公开招聘等手段，引进新的技术人才，强化技术推广服务；坚持"因地制宜、合理选择、统一标准、规范运作"原则，结合分级、收购及工商交接一体化的要求，设计烟叶生产、收购、工商交接等烟叶业务模式，设计烟叶业务流程；建立了用工分配制度和考核激励机制，明确岗位职责、任职资格、岗位系数、岗位报酬，实行公开竞聘，择优选用。建立绩效考核机制，实行月度、季度、年度考核，充分体现多劳多得、效益优先。

6.3.2　信息化建设和管理

信息化是现代农业的重要标志，是提升农业生产组织管理的必要手段。目前两县各个基地单元已完成了网络化、集成化、数字化和智能化的烟站管理信息系统的构建，大大加强了基层数据采集、传输和共享以及数据挖掘处理的能力。在生产环节实现了统一软件编写代码、统一理顺统计数据、收集基础数据、制作统一格式的表格，并利用计算机监控系统，采集烟叶生产的相关数据，实现了生产过程中的信息化管理。基层烟站烟叶生产环节的信息化建设和管理切实有效地帮助上级部门准确及时地掌握烟叶生产动态，大大提高了对烟站等烟叶生产管理基层单元的管理效率。

建立了烟叶生产技术交流平台，为烟叶生产技术人员学习、交流、查询相关政策、技术、病虫害防治等信息提供了便利条件，有利于提高烟叶生产技术人员的业务水平。搭建烟农服务信息平台，及时传递政策信息、市场信息、技术信息等；搭建工商烟叶管理信息平台，及时反映市场状况，实现烟叶资源的合理配置。将烟叶收购、调拨、库存、结算等一系列内容纳入烟叶网上集中交易平台，提高了管理水平。不断完善基本烟田、烟农基本信息、烟叶质量和烟叶生产气象信息档案，实现烟叶生产、收购、经营、基础设施、科技服务、烟农队伍、市场信息管理数字化，把信息化管理从烟叶经营环节延伸到生产管理和服务烟农环节，从而为整个烟叶生产的决策提供丰富的数据资源，提升烟叶生产组织管理整体水平。

6.3.3　工商合作模式

随着卷烟产品结构不断提高和重点骨干品牌发展需求，为了进一步加强优质烟叶保障能力，提升烟草行业整体实力和重点品牌竞争能力，国家烟草专卖局于 2010 年提出并开始实施以卷烟上水平为目标的"532""461"知名品牌发展战略。要实现"卷烟上水平"的战略目标，即在未来五年间，培养出两个 500 万箱以上，3 个 300 万箱以上和 5 个 200 万箱以上的品牌（简称"532"）；到 2015 年培育 12 个销售收入超过 400 亿元的品牌，其中 6 个过 600 亿元、1 个过 1 000 亿元（即"461"）。

以需求为导向、以基地单元为载体的品牌导向型基地单元，是实现卷烟上水平的"532"和"461"的载体和原料保障上水平的重要基础。为了解决烟叶生产中面临总量不够稳定、布局不够合理、质量和风格不够适应等矛盾和问题，确保"卷烟上水平"发展，襄城县和宜阳县基地单元在规划、建设过程中积极探索新型的工商合作模式，以"工业主导、商业主体、科技主力"为理念，以"基地共建、生产共抓、资源共享、品牌共创、发展共赢"为合作工作目标。

工业企业主动参与、深度介入到两县基地单元建设中，一方面工商双方按照规范要求签订基地单元建设相关合作协议，约定双方责任、义务以及生产、收购、调拨等相关工作，更为重要的是建立了工商合作的工作平台，有效促进了各项工作的落实。工业企业把品牌的需求延伸到烟叶生产环节，人员、技术、科技等多方位介入到基地单元建设中来。实施"工商互动"，围绕品牌打造烟叶基地单元，建立协作共建体制，做到标准统一、协同配合。卷烟工业企业根据卷烟品牌配方需求，全程参与两县各个基地单元烟叶生产过程，根据工商双方共同制订的基地单元优质特色烟叶生产技术方案，对烟叶内在质量、外观质量、种植品种等提出明确要求。不断完善基地烟叶配套技术，优化烟叶特色品质，形成"工商共建、资源共享、品牌共创、互惠共赢"的基地单元建设新格局。力争实现技术研究与实际生产有机结合，真正将大田生产作为优质烟叶原料供应的第一车间。

基地单元实施标准化烟叶生产。为提高基地单元的生产水平，各基地单元按照工商共同制定的特色烟叶生产技术，分生产环节组织烟农培训，统一生产标准，标准化烟叶生产覆盖到育苗、整地起垄、烟叶生产、烘烤、收购等全过程。同时在基地内组建了烟农综合服务专业合作社，在一些关键环节成立育苗、机耕、植保、烘烤、分级专业服务队，实现专业化服务。

积极开展科技创新工作。工商双方在基地单元内共同建设"品牌导向性科技示范园"，以"优质、特色、生态、安全"为目标，围绕工业品牌原料目标、质量特色，积极开展特需品种、施肥、植保、烘烤、烤烟生态循环等专项研究，并建立和完善技术推广体系，以加快科研成果的转化。同时建立并推行烟草良好农业规范（GAP），注重产地环境选择与保护，推行烟叶标准化生产和清洁作业，控制非烟物质，完善烟叶质量信息，建立烟叶质量追踪体系，全面推动烟叶种植技术的创新发展。

6.3.4 "片区化"管理模式

烟草农业"片区化管理"模式，是中国烟叶公司为规范全国现代烟草农业基地单元建设提出的。从机构建设上来看，现代烟草农业基地单元的建设要求是建立一个机构扁平化、岗位专业化、服务专业化、流程规范化、生产标准化、设施现代化，用人少、队伍精、效率高、效益好的优质烤烟生产基地。

本着机构扁平化的原则，襄城县和宜阳县基地单元在开展现代烟草农业建设中，按照基本烟田 5 万亩，常年种植面积 1.6 万亩左右、收购量 3 万担左右的规模进行规划，对原有的烟草站、收购组做了整合，整合后形成 5 个基地单元中心管理站，每个单元下辖 5 条标准化收购线，每条收购线的收购量为 5 000 担左右。按照岗位专业化原则，每个基地单元中心管理站设置管理岗位 8 人：其中站长 1 名，副站长 2 名，微机信息管理员 1 名，仓库物资管理员 1 名，专业技术岗位 3 名（即农艺主管 1 名，烘烤主管 1 名，质量主管 1 名），在岗人员都具有助理农艺师或高级工以上职称或技能。技术操作岗位按照每人服务 600 亩左右的种植面积进行设置。每条收购线设置技术人员 5～6 人，从中选择综合素质较高的人员担任收购线组长，但鉴于地理、地势等条件限制，基地单元实际设置每个技术人员的责任片区不可能是"一刀切"式的完全平均。

基地单元中心管理站对烟叶生产的管理采用"片区化管理"模式，对所有人员的生产协调、统一调配，直接管到岗位、管到人、管到现场。专业技术岗人员在烟叶生产、收购等环节实行 24 小时技术支持，遇到异常情况时，必须迅速赶至现场解决工作难题；技术操作岗位人员执行长期驻片制度，直接指导烟农生产和合作社专业化服务。基地单元"片区化管理"模式有 3 个层次的含义：基地单元片区化管理、基本烟田片区化管理、烟叶种植片区化管理。作为现代烟草农业整县推进试点县，襄城县和宜阳县基地单元涵盖到了每个片区，其中每个基地单元片区涵盖了若干个基本烟田片区，每个基本烟田片区又涵盖了若干个烟叶种植片区。

基本烟田连片管理是"片区化管理"模式的基础，它不仅仅规定了技术操作岗位人员对所管辖种烟烟田的管理职责，同时也规定了对基本烟田、基础设施建设及管护的要求。按照当年烟叶生产种植合同，将相邻连片的田块划分为1个片区，片区的面积一般在100亩以上，部分烟叶种植密集区域可超过500亩。烟叶种植片区化管理是"片区化管理"模式的核心。它要求技术操作岗位人员在烟叶生产收购过程中实时为烟农提供技术指导。每一个基地单元片区分派1名技术操作岗位人员，也即1个技术操作岗位人员实际服务面积为1个基地单元片区。基地单元片区化管理是"片区化管理"模式的本质，每个技术操作岗位人员不仅需要对自己辖区范围内的烟叶生产收购、基础设施建设等方面负责，还要对基地单元烟农专业合作社提供的专业化服务提供技术支持。

襄城县和宜阳县基地单元模式化、标准化、规范化的业务管理模式的构建，取得了一定的成效。主要表现在：

首先，精简了管理机构。根据地理位置、基本烟农数量、烟叶种植规模等核心要素，撤销发展受限的烟草站，成立了新的基地单元中心管理站，把调整出来的管理人员充实到专业合作社建设和附属产业发展中；同时，把原来为数较多的收购组整合成了若干条收购线。经过一系列的撤销、整合工作，彻底打破了行政界限，改变了过去每个乡镇设立1个烟草站，分散指挥生产的管理方式，从根本上解决了机构设置臃肿的弊端，为基地单元实现片区化管理提供了前提条件。

其次，优化了人力资源的配置。在新整合的收购线中，大幅度精简、调整富余技术操作岗位人员，择优选用烟叶生产管理水平高和计算机掌握能力强的人员，对口安排到各基地单元片区，其他人员及时通过转岗培训充实到合作社专业服务队和附属产业生产小组。这样既安置了富余人员，又解决了探索合作社和附属产业发展时，烟草公司入股资产外流、专业化服务不到位、新产业技术不过关的矛盾，实现了整合后基地单元达到人才大流动、人尽其用的优化配置格局。

再次，管理效率得到了提高。全面实施"片区化管理"模式后，各收购线技术操作岗位人员的管理工作由基地单元中心管理站统一负责，实行一个中心管理站负责生产协调、指挥管理的新模式，有效压缩了管理层次，提高了管理效率，使基地单元达到系统、优化的管理效果。

再次，研发实力增强。采用基地单元"片区化管理"模式后，基地单元管理队伍的能力和水平得到了显著提高，形成了求真务实，扎实有效的工作态度和工作作风。单元内分基地单元片区进行测土取样，严格按照配方进行施肥。部分烟叶种植片区自主科研创新或按照对口工业企业的要求落实实验项目，全面提升了基地单元的科研质量和研究内涵。

最后，核心竞争力得到凸显。"片区化管理"模式的实施，优化了烟叶生产管理队伍，为两县烟叶可持续发展，打造企业核心竞争力，创造了必要条件和难得的机遇。"片区化管理"模式的实施，加强了烟农服务专业合作社建设，分片区为烟农提供育苗、机耕、植保、烘烤、分级、供煤等专业化服务，技术操作岗位人员实时指导，现代烟草农业片区化管理实现"减工、降本、提质、增效"。随着管理创新、制度创新、机制创新的不断深入，"片区化管理"模式，还将继续为推动两县现代烟草农业建设发挥更大作用。

6.4　本章小结

本章首先对河南省全国整县推进现代烟草农业建设的试点单位襄城县和宜阳县基地单元的基本情况进行了详细介绍。在此基础上，从基本烟田连片、连片种植规模、烟叶生产组织形式、机械化作业情况、育苗工场建设情况、密集烤房建设情况、专业化服务提供情况等几个方面对基地单元的建设现状进行了比较分析。整体来看，由于区位优势和经济发展水平相对较高，襄城县基地单元的基本烟田连片程度、规模化种植水平、农户种植规模相对较高，烟叶生产的机械化程度高于宜阳县基地单元，育苗工场和密集烤房建设先行一步，行业补贴金额较高，而专业化服务覆盖程度两县各基地单元之间差异不大。

本章又从烟站建设和管理、基地单元信息化建设、工商合作模式、管理模式等几个方面对当前基地单元管理和运行模式作了较为全面分析，发现基地单元在构建模式化、标准化、规范化的业务管理模式上取得了一定的成效，譬如，精简管理机构、优化人力资源配置、实施"片区化"管理模式等。这些做法都值得在进一步推进烟区现代烟草农业建设乃至现代农业建设中加以借鉴。

第7章 现代烟草农业基地单元建设效果比较分析

烟叶基地单元是以工业需求确定生产，以品牌发展引导生产，以基地建设促进生产的烟叶生产新模式，已成为我国烟草行业保质量，上水平的基础和关键。以基地单元为载体是烟草行业推进现代烟草农业建设的基本思路。经过几年的建设，基地单元已经成为烟叶生产经营和基层管理的基本业务单位，承担着落实烟叶计划合同、建设烟田基础设施、组织生产收购服务等多项职能，是实现原料供应基地化、烟叶品质特色化和生产方式现代化的有效载体，也是实现现代烟草农业的重要抓手。

近年来，随着现在现代烟草农业建设的稳步推进，烟叶基地单元在产出水平、生产效率、烟叶品质和烟农收入等方面取得了长足的进步，与此同时，烟农生产方式也发生了很大的转变。本部分基于对河南省襄城、宜阳和登封三县（市）的实地调研数据通过基地单元之间、基地单元和非基地单元之间的对比，对现代烟草农业基地单元的建设现状和取得的成效进行深入分析。其中，襄城和宜阳两县是河南省确定的首批全国整县推进的现代烟草农业试点单位，共建设有 8 个基地单元，其中襄城有 5 个，宜阳县 3 个。由于烟叶种植面积较少，登封烟区内没有基地单元建设项目，作为我们分析的对照组。

7.1 数据来源

本部分使用的分析数据主要来源于 2013 年和 2015 年"基地单元现代烟草农业建设效果评价"项目组对襄城县、宜阳县和登封市 3 县（市）实施的河南省烟叶产区农村社会经济调查。样本的选取是采用分层随机抽样的方式获取的。具体做法是：首先，按照社会经济发展水平将每个县的所有种烟乡镇按 1/3 平均分成 3 个组，从每个组中随机选出 2 个样本乡镇；然后在每个样本乡镇按村庄的富裕程度随机抽取 2 个种烟村作为样本村庄，每个村随机选取 15 户烟农作为样本农户。登封市由于种烟乡镇较少，项目组随机抽取了 3 个乡镇，6 个村庄，90 户烟农作为样本农户。这样，最终确定 30 个样本村和 450 户样本农户。调查采取面对面访谈方式，由调查员记录问卷信息。调查员均为有调查经验的硕士研究生。

在每一轮的调查中，通过对村干部（村主任、村支书或村会计）的访问，详细了解该村烤烟生产情况，如基本烟田面积、烤烟种植面积，以及该村基本情况，如村庄的规模、构成、人均收入等；村庄的土地情况，如耕地面积、农作物种植结构等；村庄的劳动力情况，如劳动力人数、劳动力流动状况、受教育程度等；村庄现有的公共服务状况，如道路、学校、诊所等；村庄的地理位置及自然环境，如距乡镇的距离、水土流失程度等。

农户调查内容主要包括，第一，农户家庭成员基本情况，如年龄、性别、受教育程度；第二，农户家庭成员就业情况，如是否务农、从事农业的程度、是否从事非农产业、非农就业的地点及行业等；第三，农户土地情况，如地块数量、土地流转、土地受灾情况等；第四，农户获得的补贴情况，如补贴种类、补贴形式和补贴标准等；第五，农户农业经营情况，如投资、产出、烤烟种植的投入产出等；第六，农户接受专业化服务情况，如最需要的专业化服务、最满意的专业化服务、能够接受的专业化服务价格等；第七，农户参与合作社的情况，如是否加入合作社、加入合作社类型和意愿等。最终，项目组形成了一套包含3个县（市）30个样本村和450户农户的两轮面板数据集。

7.2　登封市基本情况

登封市是河南省省会郑州市的下辖县级市，古称阳城、嵩阳，位于郑州市西南部，地处北纬 $34°35'\sim34°15'$，东经 $112°49'\sim113°19'$。东临新密市，西接伊川县，南与禹州市、汝州市交界，北与偃师市、巩义市毗连。全市东西长58千米，南北宽36千米，总面积1 217平方千米。登封市地形复杂，北有嵩山山脉，南有箕山、熊山山脉，均为东西走向，地势由南北向中间逐渐降低为丘陵河川，依地形大致可分为深山、浅山、丘陵和平地，深山约占流域总面积17%，浅山占30%，丘陵占36%，平地占17%，丘陵坡度多在6°以上，有石质型丘陵和黄土覆盖型丘陵两种，多为南北走向。

登封市属暖温带大陆性季风气候，年平均日照时数2 297小时，年均温度14.2℃，极端温度分别为40.5℃和−15.1℃，全年大于0℃的平均年积温为5 178.8℃，无霜期238天，年均降水量614毫米，四季分明，温差大，常年干旱少雨，降水量多集中在6—8月，占全年降水总量的33.8%。

7.3　基地单元和非基地单元现代烟草农业建设比较分析

7.3.1　农业产出

现代烟草农业是指充分利用现代物质条件装备，现代科学技术和现代组织管理来经营的，具有较高的机械化、社会化、市场化、专业化、信息化程度，综合生产能力和转换效率都比较高的烟草农业类型。其中，高水平的土地产出率、劳动生产率和市场化程度，经济效益、社会效益和生产效益的协调发展是现代烟草农业的主要特征。促进烟叶质量提高，提高植烟土地的土地产出率和种烟劳动力的劳动生产率，增加烟农收入是衡量现代烟草农业发展水平的主要指标，也是现代烟草农业建设效果的主要体现。

1. 土地产出率

土地产出率是反映土地生产能力和农业生产力水平的一项综合经济指标，通常用生产周期内单位面积土地上的农产品产量的数量指标或农产品价值的产值指标来表示。作为农业大省，河南耕地资源相对稀缺。根据 2014 年发布的第二次河南省土地调查数据，尽管河南省现有耕地面积 12 288 万亩，居全国第三位，但是人均耕地面积只有 1.23 亩，低于全国人均1.52 亩的水平，更低于世界人均 3.38 亩的水平。更为重要的是，河南省是我国的农业大省和粮食生产大省，粮食生产在国家粮食安全战略中占据着举足轻重的地位。因此，对于烟叶生产来说，充分合理利用现有耕地，提高耕地的土地产出率是河南烟区现代烟草农业建设的一项重要任务。

根据农户调查数据，30 个样本村 450 户烟农的烤烟平均亩均产量为 200 斤*左右（为 204.1 斤/亩），而基地单元的植烟土地的烤烟产出率明显高于非基地单元。其中，襄城县基地单元村庄 180 户烟农的烤烟亩均产量为 300.8 斤/亩，比非基地单元登封市的烟农烤烟平均亩产量（208.8 斤/亩）高出 44.1%，高 92 斤/亩。t 检验的结果也表明，基地单元襄城县和非基地单元登封的烤烟亩均产量存在着统计上较为明显的差异。

烟农在种植烤烟的同时，也会按照轮作的要求种植其他粮食作物，比如小麦和玉米。从烟农主要种植的粮食作物即玉米和小麦的土地产出水平上看，襄城县基地单元玉米和小麦的平均亩产量都要高于登封市，襄城县玉米亩产量为 937.9 斤/亩，而登封玉米的亩均产量为 768.4 斤/亩，两者的差异在统计上不显著。尽管襄城县小麦的单产水平也要高于登封市，但二者差异在统计上并不显著。

调研数据显示，宜阳县样本农户烤烟、玉米和小麦的单产水平也要高于登封市。宜阳县烤烟亩均产量为 243.7 斤/亩，比登封高出 34.9 斤/亩，t 检验的结果显示，两者差异接近 10% 的显著水平。但它们在小麦和玉米单产水平上的差异并不显著（表 7-1）。

表 7-1 2014 年基地单元和非基地单元农作物土地产出率差异

单位：斤/亩

作物	平均	襄城（1）	宜阳（2）	登封（3）	（1）-（2）	（2）-（3）	（1）-（3）
烤烟	204.1	300.8	243.7	208.8	57.1	35.9	92
玉米	782.6	937.9	809	768.4	128.9	40.6	169.5
小麦	354.8	480.9	384.9	350.1	96	34.8	130.8

---

* 斤为非法定计量单位，1 斤＝500 克，下同。

综上，可以看到基地单元烤烟的土地产出水平明显高于非基地单元，而玉米和小麦的土地产出水平与非基地单元接近。这表明，一是由于近年来基地单元现代烟草农业建设的力度相对较大（如基础设施投入、烟用生产物资补贴、专业化服务的开展等），基地单元烟农种植烤烟收益相对较高，从而使得基地单元烟农将家庭中相对优质肥沃的耕地用于烟叶生产，烤烟土地产出率自然较高；二是因为建设现代烟草农业的一个重要途径就是加强烟叶生产技术的推广，实行测土配方施肥和施用有机肥，很大程度上改善了植烟土地的土壤条件，提高了植烟土地的生产能力。

将样本烟农按照其烤烟种植面积可以划分为 10 亩以下、10～20 亩、20～50 亩、50～100 亩、100～150 亩以及 150 亩以上不同种植规模的烟农。可以发现，随烟农烤烟种植规模的变化，烤烟土地产出率呈现出一定的差异。如果把 6 组不同规模烟农的亩产水平排序的话，可以发现，襄城县基地单元 100～150 亩规模烟农的产出水平最高，其次是 150 亩以上规模烟农，而 10～20 亩规模烟农亩产水平相对较低。不同种植规模的单产水平存在着一定的地区差异。宜阳和登封 2 县，50～100 亩烤烟单产水平最高，其次是 100～150 亩，单产水平最低的是 10 亩以下种植规模。对于宜阳来说，50～100 亩种植规模的烤烟单产水平最高，其次是 100～150 亩，单产水平最低的则是 10 亩以下种植规模。

与非基地单元相比，总体上看，基地单元单产水平高于非基地单元，但是不同规模之间也存在一定差异。50 亩以下基地单元单产水平较非基地单元明显高些，譬如，10 亩以下襄城和宜阳基地单元烟农亩产水平分别为 309.4 斤/亩和 208.3 斤/亩，而非基地单元登封为 192.5 斤/亩，低于基地单元，特别是襄城县基地单元与非基地单元登封差异明显；50～100 亩单产水平以宜阳基地单元为最高，其次是非基地单元登封，而襄城县 50～100 亩单产水平则低于登封；100 亩以上基地单元单产水平要高于非基地单元，尤其是襄城县单产水平明显高于非基地单元登封（表 7－2）。

表 7－2　不同规模烟农土地产出比较

单位：斤/亩

组别	襄城 (1)	宜阳 (2)	登封 (3)	(1) － (3)	(2) － (3)	(1) － (2)
10 亩以下	309.4	208.3	192.5	116.9	15.8	101.1
10～20 亩	266.6	237.3	212.2	54.4	25.1	29.3
20～50 亩	294.2	256.7	219.5	74.7	37.2	37.5
50～100 亩	296.8	315.6	307.8	－11	7.8	－18.8
100～150 亩	405.3	278.4	289.1	116.2	3.2	113
150 亩以上	328.4	278.4	204.4	124	74	50

2. 劳动产出率

劳动生产率是指劳动者在一定时期内创造的劳动成果与其相适应的劳动消耗量的比值，是劳动者生产某种产品的劳动效率。农业劳动生产率指的是平均每个农业劳动者在单位时间内生产的农产品数量或产值，或生产单位农产品消耗的劳动时间，是衡量农业劳动者生产效率的指标。此处，我们用农业劳动者单位时间上的农作物产量水平来表示。

烤烟是属于劳动密集型的农业产业。烤烟生产环节多、劳动用工相应也较多。根据我们对襄城、宜阳和登封等县（市）烟农调查数据的分析，发现烤烟生产的用工数量明显高于玉米等粮食作物。调查数据表明，样本烟农每亩烤烟生产的平均用工数量为 233.7 工时/亩，是玉米生产用工的 2 倍多（玉米只有 105.9 工时/亩），远远高于玉米。与非基地单元相比，基地单元每亩烤烟生产用工数量明显较少。调查数据显示，襄城县基地单元烤烟生产亩均用工数量为 192.4 工时，比非基地单元登封少 88.4 工时（非基地单元为 280.8 工时），而宜阳基地单元烤烟生产亩均用工数量也要比登封少 37.6 个工时，t 检验的结果表明这种差异在统计也是显著的。这体现出基地单元机械化作业和专业化服务的大力推行的确明显减少了烤烟生产过程的劳动用工（表 7 - 3）。

表 7 - 3 基地单元与非基地单元亩均劳动用工

单位：工时/亩

作物	平均	襄城县 (1)	宜阳县 (2)	登封市 (3)	(1) - (3)	(2) - (3)	(1) - (2)
烤烟	233.6	192.4	243.2	280.8	-88.4**	-37.6*	-50.8**
玉米	105.9	80.6	95.4	112.5	-31.9*	-7.1	-14.8

在玉米生产上，基地单元农户投入的劳动数量也要低于非基地单元，尤其是襄城县生产的劳动用工数量明显低于登封市，比登封市少 31.9 个工时；而宜阳县玉米生产劳动用工数量尽管也少于登封市，但两者的差异在统计上并不显著。这表明，基地单元现代烟草农业建设不仅大大降低了烤烟生产的劳动用工数量，而且在一定程度上使得其他农作物比如玉米生产用工也开始下降，现代烟草农业建设的外溢效应逐渐显现出来。

由于每亩产出水平和用工数量上的差别，势必会造成烤烟生产和玉米生产的劳动生产率存在较为明显的差异。显然，与玉米相比，烤烟生产单位土地上产量水平较低而劳动投入又相对较多，因此以农产品产量衡量的烤烟劳动生产率势必会低于玉米。调研数据表明，烤烟劳动生产率为 0.93 斤/工时，而玉米的劳动生产率则远远高于烤烟，为 6.51 斤/工时，是烤烟的 7 倍之多。

虽然烤烟劳动生产率明显低于玉米，但是如果用产值指标来衡量农作物的劳动生产率，那么烤烟的劳动生产率又远高于玉米。烤烟的收购均价为每斤 11 元左右，每工时的烤烟产值为 10.23 元。而玉米销售价格也只有每斤 1 元左右，这样每工时玉米的产值为 6.5 元，仅为烤烟的 59.1%，低于烤烟的劳动生产率。

通过比较基地单元和非基地单元烤烟和玉米这两种农作物以农产品数量指标衡量的劳动生产率，可以发现襄城县和宜阳县基地单元烤烟生产劳动生产率明显高于非基地单元的登封市。襄城县基地单元以产值衡量的烤烟劳动生产率为 1.94 斤/工时，比非基地单元高出 1.38 斤/工时，是非基地单元的 3.46 倍；宜阳县基地单元烤烟的劳动生产率为 1.28 斤/工时，比登封高出 0.72 斤/工时。基地单元之间劳动生产率也存在着较为明显的差异。以襄城县为代表的平原烟区烤烟生产劳动生产率明显高于以宜阳为代表的丘陵烟区，两者的差异为 0.66 斤/工时（表 7 - 4）。显然，基地单元烤烟劳动生产率高于非基地单元、襄城县基地单元高于宜阳县基地单元的直接原因在于：一是基地单元烤烟生产产出水平高于非基地单元，二是基地单元烤烟生产用工数量较少。

表 7 - 4　基地单元与非基地单元劳动生产率

单位：斤/工时

作物	平均	襄城县 (1)	宜阳县 (2)	登封市 (3)	(1) - (3)	(2) - (3)	(1) - (2)
烤烟	0.87	1.94	1.28	0.56	1.38**	0.72*	0.66*
玉米	4.89	8.50	6.32	4.25	4.25**	2.07*	2.18*

进一步比较基地单元和非基地单元以及基地单元之间烤烟不同种植规模烟农的劳动产出率。首先来看生产用工数量。一个较为明显的趋势是，随烤烟种植规模扩大，烟叶生产用工逐渐减少。平均来看。烤烟种植规模在 10 亩以下的烟农亩均劳动用工的数量为 327 工时/亩，而当种植规模增加到 10～20 亩之间时，亩均劳动用工的数量减少到 300.3 工时/亩，减少幅度为 8.2%；当规模继续增大到 150 亩以上时，亩均劳动用工的数量大大减少，下降到 140.2 个工时，比 10 亩以下烟农下降了 57%（表 7-5）。

表 7-5　不同规模烟农基地单元与非基地单元亩均劳动用工

单位：工时

规模	平均	襄城县 (1)	宜阳县 (2)	登封市 (3)	(1)-(3)	(2)-(3)	(1)-(2)
10 亩以下	327	281.5	335.8	360.8	−79.3**	−25	−54.3*
10～20 亩	300.3	247.2	301.5	320.5	−73.3**	−19	−54.3*
20～50 亩	260.8	201.8	259.6	287.4	−85.6**	−27.8	−57.8**
50～100 亩	200.1	185.8	238.4	290.6	−104.8***	−52.2*	−52.6*
100～150 亩	164.8	158.4	204.8	246.4	−88**	−41.6*	−46.4*
150 亩以上	140.2	114.7	189.4	200.8	−86.1**	−11.4	−74.7**

总体上看，随烤烟种植规模的增大，烤烟劳动生产效率表现出上升的趋势。平均来看，10 亩以下烤烟劳动生产效率为 1.19 斤/工时，20～50 亩劳动生产率提高到 1.21 斤/工时，随着规模继续扩大到 100～150 亩，劳动生产率增加到 1.33 斤/工时，150 亩以上规模烟农劳动生产率达到 1.42 斤/工时，比 10 亩以下提高了近 20%。随种植规模扩大，襄城县基地单元烤烟的劳动生产率随规模增大也有较大幅度的

提高，如从 10 亩以下到 150 亩以上，烤烟生产的劳动生产效率提高了 35.6%，由 1.63 斤/工时提高到 2.21 斤/工时；与此同时，宜阳基地单元劳动生产率也有所提高，但提高幅度相对较小，为 24.5%。而随种植规模的扩大，非基地单元劳动生产率却有所下降，从 10 亩以下到 150 亩以上登封烤烟劳动生产率下降了 29%。可能的原因在于基地单元土地产出水平高于非基地单元（表 7 - 6）。

表 7 - 6　不同规模烟农基地单元与非基地单元劳动生产率

单位：斤/工时

规模	平均	襄城县 (1)	宜阳县 (2)	登封市 (3)	(1) - (3)	(2) - (3)	(1) - (2)
10 亩以下	1.19	1.63	1.06	0.78	0.85	0.28	0.85
10~20 亩	1.13	1.61	1.01	0.66	0.95	0.35	0.95
20~50 亩	1.21	1.72	1.11	0.67	1.05	0.44	1.05
50~100 亩	1.10	1.54	1.26	0.45	1.09	0.81	1.09
100~150 亩	1.33	1.90	1.36	0.61	1.29	0.75	1.29
150 亩以上	1.42	2.21	1.32	0.55	1.66	0.77	1.66

7.3.2　烟叶品质

烟叶质量状况和可用性最终体现在卷烟工业对烟叶原料在卷烟配方中的利用价值，烟叶质量的好坏直接影响卷烟质量，一直是卷烟工业企业非常关注的事情，长期以来一直困扰着卷烟工业企业。基地单元以卷烟工业企业需求为导向，在一定程度上解决了烟叶生产中质量和风格与卷烟品牌不够适应等矛盾和问题，确保行业"卷烟上水平"发展。实现"卷烟上水平"一个重要途径就是通过现代烟草农业建设，切实加强优质烟叶的保障能力，不断提高上中等烟的比例。

调研数据显示，三个县上中烟比例平均为 76.6%。其中，襄城县基地单元上中等烟比例达到 88.5%，为三县最高。比非基地单元登封高出 12.1 个百分点，比宜阳县高 9.1 个百分点；宜阳基地单元上中等烟比例较非基地单元登封高出 3 个百分点。从收购均价指标上看，襄城县基地单元烟叶收购均价最高，为 12.6 元/斤；其次是宜阳基地单元，为 10.8 元/斤；收购均价最低的是非基地单元登封，收购均价只有 9.8 元/斤。总之，基地单元无论是烟叶收购均价还是上中等烟比重都要显著高于非基地单元（表 7-7）。

表 7-7　基地单元与非基地单元烤烟品质的差异

烟叶品质	平均	襄城县 (1)	宜阳县 (2)	登封 (3)	(1)-(3)	(2)-(3)	(1)-(2)
收购均价 (元/斤)	10.3	12.6	10.8	9.8	2.8	1	1.8
上中等烟比例 (%)	76.6	88.5	79.4	76.4	12.1	3	9.1

7.3.3　烟农收入

增加烟农收入，调动烟农的生产积极性，是稳定烟叶生产可持续发展的关键，是烟草产业持续稳固发展的基础。首先，烟农种植业收入对烤烟种植收入的依赖是非常强烈的，平均来看，他们 70% 以上的种植业收入都是来自于烤烟种植。特别是以襄城县为代表的平原烟区烟农由于种植结构较为单一，多以烤烟为主，从而导致他们种植业收入中近 90% 都是来源于烤烟收入。

比较基地单元和非基地单元烟农种植业收入情况可以发现，基地单元农户的种植业收入更高，襄城县烟农收入更是高达 86 000 元之多，比登封烟农收入高出近一倍；宜阳县烟农收入水平基本与登封持平，宜阳县为 45 732.4 元，比非基地单元高 2 342.3 元。其中，种烟收入的巨大差异是导致了基地单元和非基地单元烟农种植业收入差距的主要来源。襄城县基地单元烟农种烟收入达到 74 591 元，宜阳基地单元烟农烤烟收入为 35 168.2 元，分别比非基地单元高出 42 439 元和 3 016 元，对烟农种植业收入差异的贡献率分高达 99% 甚至更高。基地单元间烟农收入也存在着明显的差异。襄城县基地单元烟农收入比宜阳县基地单元高出 40 301.3 元，其中 98% 是来源于种植烤烟收入的差异（表 7-8）。

表 7-8　基地单元与非基地单元烟农收入比较

收入	平均	襄城县 (1)	宜阳县 (2)	登封市 (3)	(1)-(3)	(2)-(3)	(1)-(2)
总收入(元)	54 136.2	86 033.7	45 732.4	43 390.1	42 643.6***	2 342.3	40 301.3***
烤烟(%)	78.4	86.7	76.9	74.1	12.6	2.8	9.8
粮食(%)	13.6	13.0	14.3	15.8	-2.8	-1.5	-1.3
其他(%)	9.0	0.3	8.8	11.1	-10.8	-2.3	-8.5

对于不同烤烟种植规模的烟农来说，随着种植规模的扩大，烤烟种植收入在其种植业收入中所占的比例逐渐增大。平均来看，10 亩以下烟农种植业收入中来自于烤烟的收入占到 84.2%；而当烤烟种植规模增加到 10～20 亩时，烤烟收入占比提高了 3.3 个百分点，为 87.5%；当规模继续增加，达到 150 亩以上时，烤烟收入占比相应提高到 97.9%。3 县中，随着种植规模的扩大襄城县烤烟收入占比提高的幅度相对最小，

从 10 亩以下到 150 亩以上，烤烟收入占比提高了 8.2 个百分点，而宜阳则提高了 13.3 个百分点，登封也提高了 13.6 个百分点。这表明，随着种植规模的扩大，烤烟收入在烟农种植业收入中越来越重要，几乎成为他们唯一的种植业收入来源。可能的原因是基地单元通过现代烟草农业的建设降低了农户种烟的风险，规模烟农在各种激励因素的作用下几乎把所有的土地都用来种植烤烟，种烟收入成为最主要的种植业收入来源（表 7 - 9）。

表 7 - 9　不同规模烟农烤烟收入所占比例

单位：%

规模	平均	襄城县 (1)	宜阳县 (2)	登封市 (3)	(1) - (3)	(2) - (3)	(1) - (2)
10 亩以下	84.2	78.2	86.3	85.1	−6.9	1.2	−8.1
10～20 亩	87.5	83.1	90.1	88.6	−5.5	1.5	−7
20～50 亩	93.2	88.4	95.8	93.6	−5.2	2.2	−7.4
50～100 亩	94.7	90.6	96.2	95.3	−4.7	0.9	−5.6
100～150 亩	96.1	91.3	98.3	9.5	81.8	88.8	−7
150 亩以上	97.9	96.4	99.6	98.7	−2.3	0.9	−3.2

7.3.4　种植结构

农户是农业生产经营活动的主体，是农村土地利用最基本的决策单位。随着工业化、城市化进程的不断加快，特别是随着劳动力市场的健全和完善，农户资源分配和生产目标发生了重要变化，农户在生产作物选择上拥有更大的空间和自由度。作为土地利用的直接参与者，烟区农户作物种植选择行为，是农业生产方式转变的基础，不仅会直接影响到土地利用效率，而且对烟叶生产有重要影响。

农户种植作物的选择通常都是根据其自身特征、环境特征与农作物特征综合考虑的结果。著名发展经济学家舒尔茨曾经指出，农民是理性的经济人，不会逊色于企业家，其行为与动机同企业家一样是追求利润最大化。他们在生产经营中的作物选择也是以自身利益最大化为驱动力，经济利益是导致农户种植选择的主要原因。

总的来看，样本烟农平均经营的耕地面积为18.2亩，其中大约四分之三的耕地是用来种植烤烟，种植面积为12.9亩；除烤烟以外，粮食是河南省各县烟农种植的主要作物之一，粮食种植面积为3.4亩，占18.5%；还有少量耕地用来种植其他作物，如蔬菜等，种植面积仅有1.9亩，占10.4%。

再来比较基地单元和非基地单元样本烟农的农作物的种植结构。可以发现，襄城县基地单元烟农经营的耕地面积户均23.3亩，其中85.6%（19.9亩）的耕地用来种植烤烟，粮食种植面积为1.7亩。占7.2%。宜阳县基地单元烟农经营的耕地面积户均为18.9亩，其中烤烟种植面积为12.5亩，占比为66%；粮食种植面积3.8亩，占比20.1%；其他作物，如蔬菜等就经济类作物种植面积为2.6亩，占13.9%。

非基地单元登封烤烟种植面积相对较少，为10.3亩，占烟农经营耕地面积的62.6%，粮食种植面积明显较多，占到24.1%。显然，基地单元尤其是襄城县基地单元烟农把更多的土地用来进行烤烟的生产经营，而非基地单元烟农在进行烤烟生产经营的同时，也拿出了相当一部分土地用来种植粮食作物（表7-10）。一个可能的解释是，从经济收益的角度来看，与竞争作物粮食相比，烤烟属于低产高价品种，具有较高的收益，但同时烤烟收益受天气影响相对较大，具有很大的不稳定性。而基地单元通过加强烟叶生产基础设施建设降低了烤烟种植的自然灾害风险，大大增强了农户对烤烟收入增加的预期，因此基地单元农户种植烤烟的积极性和意愿高于非基地单元。

表7-10　烟农种植结构

作物类型	襄城（1）	宜阳（2）	登封（3）	（1）-（3）	（2）-（3）	（1）-（2）
总面积（亩）	23.3	18.9	16.4	6.9	2.5	4.4
烤烟（%）	85.6	66.0	62.6	3.0	3.4	−0.5
粮食（%）	7.2	20.1	24.5	−17.3	−4.4	−12.9
其他（%）	7.2	13.9	12.9	5.7	1.0	−6.7

7.3.5　烟叶生产方式

随着经济社会环境条件的变化和长期粗放式经营积累的深层次矛盾逐渐显现和加深，烟草农业持续稳定发展面临的挑战是前所未有的，面临的形式也是格外严峻的。转变烟草农业生产方式迫在眉睫，是建设现代烟草农业的一个首要任务。当前我国烟草农业具有明显的土地密集和劳动密集的特征，烙印着传统农业生产方式的特征，突出表现在，烟叶生产以小规模生产的自然家庭为单位从事烟叶生产经营活动，主要依靠家庭成员的劳动，手工劳动相当突出，整个烟叶生产力水平不高；各个家庭处于相对独立、分散的状态，耕地面积过小而且细碎化。这种以小农生产、分散种植、粗放经营为基本特征的烟叶生产方式，难以实现对生产要素的优化配置，缺乏自我发展的能力和市场竞争能力，严重制约了我国烟草农业的进一步发展。

为了变革传统烟叶生产方式，烟草行业自2008年开始以基地单元为载体进行了现代烟草农业的实践探索。那么，经过几年的建设，烟农现在的烟叶生产方式什么样的？不同基地单元的烟农烟叶生产方式上是否存在差异？与非基地单元相比的状况如何？我们利用对河南烟区 3 县 450 户烟农的调查数据，从农地的规模化、农户的规模化、农户种植结构专业化分工和专业化服务等几个方面来客观描述、真实反映当前烟区烟叶生产方式。

1. 农地的规模化

土地细碎化是中国农业发展面临的一大障碍，阻碍了农业机械的采用和农业现代化的实现，不利于农户对土地进行长效投入，影响生产效率，削弱农业的发展后劲。基地单元建设的一个重要内容就是进行土地整理，采用工程生物等措施平整土地，归并零散地块，提高土地的连片水平。

调查数据显示，目前河南烟区农户平均经营的地块数量为 4.2 块，平均地块面积为 4.6 亩。而襄城县基地单元农户经营的地块数量为 3.9 块，宜阳县基地单元农户经营的地块数量为 4.3 块，都低于非基地单元的 4.8 块；它们用来种烟的地块数量也要少于非基地单元，而且进一步的显著性检验告诉我们，种烟地块数量基地单元和非基地单元之间的差异在统计上显著。此外，襄城县基地单元平均地块面积 6.8 亩，显著地高于非基地单元平均地块面积；宜阳基地单元平均地块面积为 4.2 亩，高于非基地单元的 3.3 亩，但是两者差异并不显著。基地单元和非基地单元两组间的种烟地块面积存在着明显差异。襄城县基地单元种烟地块面积达到 9.2 亩，宜阳县基地单元种烟地块面积为 5.7 亩，均显著地高于非基地单元种烟地块面积。可见，基地单元和非基地单元之间在土地的细碎化程度具有明显差异，基地单元用来种烟土地的连片程度明显高于非基地单元。进一步比较襄城县和宜阳县基地单元间的土地规模化经营情况，可以发现襄城县土地和种烟土地的细碎化程度明显低于宜阳基地单元。襄城县基地单元无论是地块数量还是种烟地块数量都要明显少于宜阳县（表 7－11）。

表 7－11　基地单元和非基地单元种烟土地细碎化程度比较

单位：块，亩/块

项目	襄城（1）	宜阳（2）	登封（3）	（1）－（3）	（2）－（3）	（1）－（2）
地块数量	4.9	6.3	6.8	－1.9	－0.5	－1.4
种烟地块数量	3.1	4	4.4	－1.3	－0.4	－0.9
地块面积	6.8	4.2	3.3	3.5	0.9	2.6
种烟地块面积	9.2	5.7	4.2	5	1.5	3.5

2. 农户的规模化

在现行家庭承包经营制度下，农户仍然是我国烟叶生产的基本单位，也是烟叶生产经营的主体。推行适度规模经营，培育专业大户、家庭农场等新型烟叶生产经营主体，提高烟农的组织化程度是建设现代烟草农业的首要任务。根据调查数据，样本县烟区户均经营的土地面积为 16.8 亩，其中户均种烟面积达到 14.5 亩，也就是说农户所经营的 3/4 土地是用来种烟的，这在一定程度上反映出烟叶生产对烟区农户的重要程度，同时这也表明烟叶生产正在告别小农经济逐渐步入规模化经营的现实，烟叶生产规模化经营新常态正在逐渐形成过程中。

现代烟草农业的一个重要特征就是烟叶生产的适度规模化，适度规模化有利于提高烟叶生产的机械化程度，提高烟草农业的劳动生产率。调查数据显示，襄城县基地单元烟农经营的耕地面积为 33.3 亩，显著地高于非基地单元；宜阳基地单元烟农经营的耕地面积为 26.5 亩，高于非基地单元的 22.4 亩，统计检验这种差异并不显著。襄城县基地单元烟农烤烟种植面积明显高于非基地单元。襄城县基地单元烟农平均烤烟种植面积为 28.5 亩，而非基地单元只有 18.5 亩。襄城县基地单元烟农平均烤烟种植面积明显地高于宜阳基地单元，户均高出 10 亩（表 7-12）。

表 7-12　农户经营耕地面积和种烟面积

单位：亩

项目	襄城（1）	宜阳（2）	登封（3）	（1）-（3）	（2）-（3）	（1）-（2）
经营耕地面积	33.3	26.5	22.4	10.9	4.1	6.8
烤烟种植面积	28.5	22.8	18.5	10	4.3	5.7

3. 专业化服务采纳

农户是农业生产经营决策的微观主体，农户能否有效采纳农业专业化服务直接决定着农业生产性专业化服务规模经营的实现程度。近年来，烟草行业按照"种植在户、服务在社"的要求，大力发展综合服务型烟农合作社，育苗、整地起垄、植保、烘烤和分级等 5 个生产环节专业化服务水平不断提高。然而，从烟农使用角度来看，烤烟生产的纵向专业化发展程度还很不均衡，不同生产环节烟农使用专业化服务程度存在明显差异。调查数据显示，育苗环节和耕地起垄环节使用专业化服务的烟农比例最高，使用育苗专业化服务的烟农数量占样本总数的 96.4%，为 434 户；使用机耕专业化服务的烟农数量为 373 户，占样本总数的 82.9%。而采用分级、烘烤和植保专业化服务的烟农分别只有 79 户（17.6%）、39 户（8.7%）和 26 户（5.8%）。

从横向上看，地区间专业化服务使用程度也存在着较为明显的。首先，基地单元各生产环节专业化服务使用程度高于非基地单元。通过比较宜阳和登封这 2 个地形条件相似县的专业化服务使用情况，可以发现宜阳基地单元机耕环节的专业化服务使用程度（为 83.4％）明显高于登封非基地单元（68.9％）；而其余 4 个环节的专业化服务的实现程度，尽管宜阳基地单元要高于登封基地单元，但差异并不显著。而襄城县基地单元专业化服务实现程度明显高于非基地单元以及宜阳基地单元（表 7－13）。

表 7－13　基地单元与非基地单元专业化服务使用差异

项目	平均	襄城（1）	宜阳（2）	登封（3）	（1）－（3）	（2）－（3）	（1）－（2）
育苗	96.4	98.5	96.5	94.3	4.2	2.2	4.2
机耕	82.9	92.8	83.4	68.9	23.9	14.5	23.9
植保	5.8	9.7	6.1	1.1	8.6	5	8.6
烘烤	8.7	15.6	10.2	5.4	10.2	4.8	10.2
分级	17.6	21.2	18.5	13.9	7.3	4.6	7.3

7.4　本章小结

　　本章利用对襄城县、宜阳县和登封市三个种烟县的农户调查数据，着重对比分析了基地单元和非基地单元之间在农业产出（包括土地产出和劳动产出）、烟叶品质、烟农收入和烟叶生产方式等方面的差异性。分析结果表明：第一，基地单元烤烟的土地产出水平和劳动生产率均明显高于非基地单元，种烟土地的生产力水平高于种植粮食作物的土地；第二，基地单元烟叶品质普遍优于非基地单元，无论是上中等烟比例还是烟叶收购均价基地单元均高于非基地单元；第三，基地单元尤其是襄城县基地单元烟农收入水平显著高于非基地单元；第四，从种植结构上看，相较于非基地单元，基地单元烟农种植结构更为集中于烤烟作物上，尤其是随着烤烟种植规模的增大，烟农几乎将所有土地都用来种烟；第五，在烟叶生产方式上，基地单元与非基地单元也存在较为明显的差异。基地单元土地细碎化程度明显低于非基地单元，地块较少面积较大，烟农规模化经营水平较高，更多地烟农使用育苗、机耕、植保、烘烤和分级等生产环节专业化服务。

第8章 现代烟草农业基地单元建设效果评估及其影响因素

上一章我们利用 2013 年和 2015 年襄城县、宜阳县和登封市 3 县（市）、30 个样本村和 450 户样本农户的实地调查数据，对基地单元和非基地单元农业生产情况进行了对比分析，发现无论是在农业产出、烟叶品质、烟农收入、种植结构还是烟叶生产方式、农业产出，基地单元和非基地单元农户之间都存在着一定差异，初步表明基地单元现代烟草农业建设取得了一定成效。为了更准确地评估基地单元现代烟草农业建设效果，我们还需要利用更为科学的方法做进一步的定量分析，要利用计量模型找出影响基地单元现代烟草农业建设效果的关键因素。

8.1 研究方法

在实证研究中，如何度量政策实施对经济体影响的因果动态检验是非常困难的。然而采用双重差分模型可以解决这一难题。如果政策的施行只对经济体中的一部分起作用，而对另一部分没有影响，我们就可以将其看作一个近似的科学实验，用来区分政策对不同经济体的影响，而两个群体之间的差异则表现出政策实施的效果。尽管基地单元建设范围逐年扩大，但是仍然有一些烟区未实施建设基地单元，如登封市。因此，基地单元建设也可以看做成一个自然实验的过程，基地单元是实验组，非基地单元是参照组，那么在基地单元建设过程中，只有作为实验组的基地单元受到影响。

假设 y 是基地单元建设效果的随机变量，$x=0$ 和 $x=1$ 分别表示基地单元和非基地单元，那么基地单元建设对于基地单元的影响应该为：$E(y|x=1)$；对非基地单元的影响为：$E(y|x=0)$。那么我们可以得到一个基地单元政策对不同烟区影响的因果关系，即基地单元建设政策对烟区现代烟草农业建设效果的净影响为：

$$E(y|x=1) - E(y|x=0) \tag{1}$$

为了考察动态变化，引入时间变量。由于政策在不同时间也会产生一个差异，对照组与实验组都会随政策时间变化，因此我们需要对它们政策前后进行比较，其中在受政策影响前的绩效为 $E(y|t=0)$，而政策影响后的绩效为 $E(y|t=1)$，政策在时间水平的影响为：

$$E(y|t=1) - E(y|t=0) \tag{2}$$

我们最关心的是在不同时间内，实验组和参照组的政策影响变化，那么可以得到在一个时间水平下，两组之间的政策净效应为：

$$[E(y|x=1) - E(y|x=0)] - [E(y|t=1) - E(y|t=0)] \tag{3}$$

这一政策净效应不仅度量了政策实施的时间效果，同时也度量出实验组与参照组之间的政策差异。模型形式如下：

$$y_{i,t} = \beta_0 + \beta_1 dummy_{group} + \beta_2 dummy_t + \gamma dummy_{group}$$
$$\times dummy_t + \sum \delta_i X_{i,t} + \varepsilon_{i,t} \tag{4}$$

我们所关心的是双差分统计量 $dummy_{group} \times dummy_t$ 表达出的信息，如果该统计量为正且在一定显著性水平下显著，则表明基地单元的实施推动了烟区现代烟草农业建设效果的提高；反之，如果该统计量为负，并且统计上显著则表明基地单元的推行对现代烟草农业建设起到了不利的影响；如果该统计量在统计上不显著，表明基地单元现代烟草农业建设效果作用不明显。

8.2 变量选择、描述和 DID 值

首先，我们从烟叶产量和质量方面来考察基地单元现代烟草农业建设效果，分别以烤烟的单产水平和上中等烟比例来衡量烟叶产量和质量，并以此作为模型因变量。

其次，考察基地单元现代烟草农业建设对烟农收入的影响，分别烟农种植业收入和烤烟收入作为模型因变量。

第三，考察基地单元现代烟草农业建设对烟区农业生产结构的影响，分别以烤烟种植面积和粮食种植面积占耕地面积比例之和作为被解释变量 y_{it} 来考察烟区农业生产结构的集中程度。

控制变量 X 主要包括三个层面：第一，村庄层面，包括村庄地形（25 度以上坡耕地所占比例）、村庄人口规模（村庄户数）、村庄到乡镇的距离等；第二，烟农家庭层面，包括家庭人口结构和家庭生产经营特征。家庭人口结构主要用抚养比（即每一个劳动力所负担的不具有劳动能力的人口数量）来衡量；家庭生产经营特征，用家庭中从事农业劳动的人数、农户的种烟面积和转入土地的面积来表示；第三，个人层面，户主的年龄、政治身份（是否为党员）、受教育程度以及户主从事农业的程度等特征。主要变量的统计描述结果列于表 8-1 中。

表 8-1　变量描述统计结果

变量名	变量取值说明	平均值	标准差	最小值	最大值
年龄	岁	52.8	8.56	30	76
受教育程度	年	7.9	2.18	2	12
是否为党员	0 为否；1 为是	0.1	0.41	0	1
从事农业程度	0 为非农；1 为兼业；2 为农业	1.35	0.96	0	2
烤烟种植面积	亩	22.7	31.17	2	210
农业劳动力数量	人	1.8	1.28	0	6
抚养系数	%	60.8	61.16	0	400
转入土地面积	亩	5.37	12.89	0	200
村庄户数	户	483.9	267.73	85	1006
梯田占比	%	69.4	28.13	0	100
距乡镇距离	千米	7.3	2.99	2.5	13

表 8-2 到表 8-6 分别列出了单元与非基地单元 2010 年和 2014 年烤烟单产、上中等烟所占比例、烟农种植业收入、烤烟收入、农业生产结构的组内均值差和组间均值差。以单产水平和上中等烟比例为例，简要说明双重差分值即 DID 值的涵义。表 8-2 显示，2010 年基地单元烟农的单产高于非基地单元，差值是 106.7 斤/亩；2014 年基地单元烟农的亩产水平比非基地单元高出 76.6 斤，与 2010 年相比，两者的差值是 30.1 斤/亩，这即是 DID 估计值。在 2014 年在烟叶生长期河南省遭受自然灾害的情况下，基地单元和非基地单元单产水平均有所下降。但是，基地单元下降的幅度要远低于非基地单元。基地单元的单产水平减少了 26.8 斤/亩，而非基地单元减少了 56.9 斤/亩。这表明，尽管 2014 年烟叶生长期河南烟区遭受了较为严重的旱灾，导致整个河南烟区单产水平均有所下降。但是基地单元建设尤其是水利基础设施的建设大大提高了

烟叶生产抵御自然灾害特别是旱灾的能力。

由于 2014 年烟叶品质结构的调整，基地单元和非基地单元上中等烟比例也出现了不同程度的下降。但是，与非基地单元相比，基地单元上中等烟比重比非基地单元少下降了 1.2 个百分点，即 DID 估计值为 1.2（表 8 - 3）。

表 8 - 2 单元与非基地单元烤烟单产的组内均值差和组间均值差

单产（斤）	非基地单元	基地单元	Diff
2010 年	265.7	312.2	106.7
2014 年	208.8	285.4	76.6
Diff	−56.9	−26.8	30.1

表 8 - 3 与非基地单元上中烟比例的组内均值差和组间均值差

上中等烟比例（%）	非基地单元	基地单元	Diff
2010 年	79.9	87.1	7.2
2014 年	76.4	84.8	8.4
Diff	−3.5	−2.3	1.2

表 8 - 4 单元与非基地单元种植业收入的组内均值差和组间均值差

种植业收入（元）	非基地单元	基地单元	Diff
2010 年	64 751.1	84 986.3	20 235.2
2014 年	43 390.1	66 761.7	23 371.4
Diff	−21 361	−18 224.6	3 136.2

表 8 - 5 单元与非基地单元烤烟收入的组内均值差和组间均值差

烤烟收入（元）	非基地单元	基地单元	Diff
2010 年	49 408.4	66 040.2	16 631.8
2014 年	32 152.1	51 305.6	19 153.5
Diff	−17 256.3	−14 734.6	2 521.7

表 8-6　单元与非基地单元农业生产结构的组内均值差和组间均值差

烤烟和粮食占比（%）	非基地单元	基地单元	Diff
2010 年	75.9	75.4	-0.5
2014 年	87.1	90.2	3.1
Diff	11.2	14.8	3.6

8.3　模型估计结果

我们拟从以下几个方面来考察基地单元现代烟草农业建设效果：

8.3.1　基地单元对烟叶产量和质量的影响

分别以单产水平和上中烟比例来衡量烟叶产量和质量，作为 $y_{i,t}$，利用上述双重差分模型来定量评估基地单元建设效果。模型估计结果见表 8-7。模型估计结果表明，基地单元对于提高烟叶的单产水平和烟叶质量具有明显的促进作用。基地单元通过现代烟草业建设较明显提高了烟叶的单产水平，从烟区类型和时间变量的交叉项的系数看，烟叶单产水平提高了30.1 斤。在单产水平增加的同时，烟叶质量也有所改善，上中等烟叶提高了1.2 个百分点。

表 8-7　基地单元建设效果模型分析（单产水平和上中烟比例）

变量类型	变 量	单产水平系数	上中等烟比例系数
	烟区类型(1=基地单元)	76.6***	8.4*
双重差分变量	时间虚拟变量(1=2014 年)	-56.9**	-3.5
	烟区类型×时间变量	30.1***	1.2

（续）

变量类型	变　　量	单产水平系数	上中等烟比例系数
户主特征	年龄	16.9 ***	1.59 ***
	年龄平方	−1.89 ***	−0.179 ***
	受教育程度	11.6 *	1.17 *
	是否党员	3.72	0.350
	从事农业程度	16.1 *	1.56 ***
家庭特征	抚养比	−27.2 **	−2.42 ***
	农业劳动力的人数	10.1 *	1.7 *
	转入土地面积	2.49	0.314 *
	种烟面积	6.19	0.514
村庄特征	村庄户数	31.9	−0.173
	25 度以上坡耕地	−50.5 **	−4.17 **
	距乡镇距离	6.68	0.282
	R^2	0.548	0.514

此外，控制变量的估计结果表明，影响基地单元建设效果的因素还包括农户年龄，农户年龄的影响呈现出倒 U 形特征，户主年龄越大，烟叶生产经验越丰富，单产水平越高；但是达到一定的年龄以后，由于体力下降，烟叶生产的单产水平会出现相应下降。烟农的受教育程度、从事农业程度对烤烟产量和质量都有明显影响。在家庭特征中，家庭人口结构和劳动力资源禀赋都显著地影响着烟叶产出和品质，家庭中农业劳动力人数越多，烟叶产出水平和烟叶品质越高。位于丘陵山区的村庄单产水平和上中等烟比例相对较低。

8.3.2　基地单元建设对烟农收入的影响

这里主要利用双差分模型来考察基地单元对烟农种植业收

入和烤烟收入的影响。模型估计结果见表 8-8。估计结果表明，基地单元建设显著提高了烟农的种植业收入和烤烟收入水平。平均来看，基地单元建设使得烟农的种植业收入提高了3 000元，烤烟收入提高了2500元，在烟农种植业收入增长中占比83.3%（表8-4、表8-5）。

表 8-8　基地单元建设效果模型分析（烟农种植业收入和烤烟收入）

变量类型	变量	种植业收入系数	烤烟收入系数
双重差分变量	烟区类型(1=基地单元)	2.3***	1.9**
	时间虚拟变量(1=2014年)	−2.1***	−1.7*
	烟区类型×时间变量	0.31***	0.25*
户主特征	年龄	0.2***	0.15***
	年龄平方	−0.17***	−0.17***
	受教育程度	0.54*	0.48*
	是否党员	0.14	0.23
	从事农业程度	0.94**	1.1***
家庭特征	抚养比	−0.24**	−0.37***
	农业劳动力的人数	1.01*	1.07*
	转入土地面积	0.25	0.34
	种烟面积	0.48	0.51
村庄特征	村庄户数	−0.03	−0.07
	25度以上坡耕地	−0.05**	−0.41**
	距乡镇距离	−0.67	−0.28
	R^2	0.538 4	0.516

此外，控制变量的估计结果表明，在烟农个人特征中，农户年龄对烟农农业收入的影响同样呈现出倒 U 形特征。烟农的受教育程度、从事农业程度对烟农种植业收入和烤烟收入都有明显的正向影响。在家庭特征中，家庭人口结构和劳动力资源禀赋也都显著地影响着烟农收入水平。家庭人口负担越重，

烟农的农业收入越低；家庭中农业劳动力人数越多，烟农的农业收入越高。位于丘陵山区的村庄由于农作物单产水平和烤烟质量相对较低导致它们的农业收入水平也相应较低。

8.3.3 基地单元建设对烟区农业生产结构的影响

以烤烟种植面积和粮食种植面积占耕地面积比例之和作为被解释变量 $y_{i,t}$ 来考察烟区农业生产结构的集中程度。模型估计结果列于表 8-9。从模型估计结果看，基地单元建设显著地提高了烟农农业生产的集中程度，基地单元烟农的种植作物主要集中在烤烟和粮食上。这两种作物在劳动力资源的使用上竞争性相对较小。烤烟是劳动密集型的作物，需要投入的劳动用工数量多、劳动强度也大，而粮食作物恰恰相反，需要投入的劳动数量少。随着基地单元现代烟草农业建设，烟农将更多劳动投入比较效益相对较高的烤烟种植上，减少了一些经济作物的种植，使得基地单元农业生产结构表现出较强的集中性，主要集中在烤烟和粮食上，基地单元建设使得烤烟与粮食作物的比重提高了 3.6 个百分点。

表 8-9 基地单元建设效果模型分析（烟区农业生产结构）

变量类型	变量	系数
双重差分变量	烟区类型（1＝基地单元）	3.1*
	时间虚拟变量（1＝2014 年）	11.2**
	烟区类型×时间变量	3.6*
户主特征	年龄	0.04***
	年龄平方	−0.003 7***
	受教育程度	0.071*
	是否党员	0.014
	从事农业程度	0.97**

（续）

变量类型	变量	系数
家庭特征	抚养比	-0.032^{**}
	农业劳动力的人数	0.98^*
	转入土地面积	0.45^*
村庄特征	村庄户数	-0.07
	25 度以上坡耕地	-0.49^{**}
	距乡镇距离	0.76^{**}
	R^2	0.614

　　控制变量的影响与前面我们对单产、烟叶品质以及烟农收入的研究基本相一致，略有不同的是烟农转入土地面积的影响显著，可能的原因是基地单元烟农转入土地的目的主要是从事烤烟生产以及粮食生产而不是从事瓜果蔬菜等其他经济作物生产，因此转入土地越多，烟区农业生产结构越集中度越高。

　　综合以上模型估计结果，可以清晰地发现，在控制了农户、家庭和村庄特征以后，基地单元现代烟草农业建设取得了较为明显的效果。从行业发展的角度来看，基地单元建设显著提高了烟叶生产的土地产出率和烟叶质量。毫无疑问，对于承担着国家粮食安全重任的河南来说，烟叶生产要想持续发展，必须要放弃土地粗放型增长模式，不断提高烟叶生产的土地产出率的同时提高烟叶品质。基地单元在促进烟叶产量和质量增长的同时，对烟区的新农村发展产生了积极的影响，突出表现在，烟农收入明显提高、农作物种植结构进一步优化。河南烟叶主产区同时也是粮食核心产区，而以夯实农业生产基础设施为核心的基地单元现代烟草农业建设溢出效应明显，不仅促进烟区烟叶发展，同时也促进了这些地区粮食生产的发展。正如我们所发现的，基地单元建设不仅提高了烟农的种烟收入，也增加了烟农的其他农作物特别是粮食生产收入；烟区农户的种植结构多集中在烤烟和粮食作物上，在粮食效益比较低下的情况下，烟农以种植具有较高比较收益的烤烟与粮食作为互补，从而在客观上保证了粮食生产的稳定性。

8.4　本章小结

本章利用双重差分模型对基地单元现代烟草农业建设效果进行了定量分析，并实证研究了影响基地单元现代烟草农业建设效果的可能因素。我们分别从烟叶产量（烤烟单产水平）和质量（上中等烟比例）、烟农收入（包括种植业收入和烤烟收入）以及烟区农业生产结构（烤烟和粮食作物占比）等几个方面来衡量基地单元现代烟草农业建设效果，并通过建立双重差分模型实证分析了基地单元现代烟草农业建设效果。实证分析结果显示，基地单元对于提高烟叶的单产水平和烟叶质量具有明显的促进作用，烤烟生产单产水平提高了 30 斤/亩，上中等烟比例提高了 1.2%。基地单元建设还显著提高了烟农的种植业收入和烤烟收入水平。平均来看，基地单元建设使得烟农的种植业收入和烤烟收入分别增加了 3 000 元和 2 500 元，其中烟农烤烟收入的增加对烟农种植业收入提高的贡献率高达 83.3%。基地单元建设显著地提高了烟农农业生产的集中程度，烤烟与粮食作物的占比提高了 6.2 个百分点。

此外，实证研究结果还发现，烟农的年龄、受教育程度和他们从事农业程度等个人特征都对基地单元现代烟草农业建设效果有显著影响。烟农的家庭人口结构和劳动力资源禀赋等家庭特征也具有显著影响。村庄特征中的地理地形条件对烤烟单产、品质、烟农收入和烟区农业生产结构也具有显著影响。

第9章　现代烟草农业基地单元现代烟草建设效果综合评价

　　以基地单元为载体是烟草行业推进现代烟草农业建设的基本思路。经过几年的建设，基地单元已经成为烟叶生产经营和基层管理的基本业务单位，承担着落实烟叶计划合同、建设烟田基础设施、组织生产收购服务等多项职能，是实现原料供应基地化、烟叶品质特色化和生产方式现代化的有效载体，也是实现现代烟草农业的重要抓手。

　　烟草行业十分重视基地单元建设，对基地单元开展定期的中期检查评估和验收检查评价工作。当前，对基地单元建设采用的评价方法主要是专家打分法。在2011年中国烟叶公司出台的《基地单元建设规范》中明确列出了对基地单元进行评价验收的总体要求和验收评价细则。在验收评价细则中确定了验收评价的内容以及评分标准，评价内容包括基础指标和评优指标。基础指标主要有原料供应基地化，内容主要涉及是工业企业对烟叶生产的参与程度；烟叶品质特色化；烟叶生产方式现代化等。王林等（2010）以卷烟工业企业烟叶原料、质量、结构需求为中心，从基地单元烟叶生产能力、烟叶供应能力、烟叶感官质量和烟叶内在质量等4个方面根据专家打分构建了烟叶基地单元的综合评价模型。

　　尽管目前烟草行业对基地单元建设评价验收工作非常重

视，但是从评价内容和指标上看，只是从行业的视角出发，侧重于对基地单元硬件建设（如水利、集约化育苗、密集烤房等设施装备覆盖率，连片种植面积等）和烟叶品质的评价，没有与烟区新农村建设结合起来分析评价基地单元现代烟草农业建设的效果。这样的话，就无法反映出基地单元现代烟草农业建设在新村建设中所具有的外溢效应，比如基地单元现代烟草农业建设在转变烟叶生产方式、提高烟叶产能和品质、增加农民收入、促进地方经济发展、改善农村生产生活条件等方面所起的作用。

此外，从学术研究的角度来看，目前关于烟叶生产基地单元现代烟草农业建设效果评价体系的研究还很少，为了能够使基地单元更加规范和持续发展，推动基地单元现代烟草建设，真正实现"减工、降本、体质、增效"的目标，提高烟叶生产的综合能力，促进烟叶产业持续稳定发展，有必要分模块构建具有前瞻性、对于基地单元发展方向具有一定指导作用的评价体系来综合评价基地单元现代烟草农业建设效果。

有鉴于此，本章将通过实地调研和记录翔实可靠的数据，尤其是通过对烟农的访谈，形成大样本的、第一手的农户数据，采用现代的计量分析方法和政策评估方法，从烟区新农村建设的视角出发，客观、真实地评估基地单元现代烟草农业建设的经济效益和社会效益，以此为进一步全面提升基地单元建设水平、加快基地单元现代烟草农业发展、促进烟区烟叶生产可持续发展以及社会经济发展，更好地推动烟区新农村建设提供政策依据。在此基础上，本研究将建立一套基于烟农调查的基地单元现代烟草农业建设效益评价指标体系。而建立这样的一套指标体系不仅具有积极的现实意义，而且能够推动基地单元现代烟草农业建设政策设计和调整上的科学化和定量化，为今后进一步深入推进基地单元现代烟草农业建设，促进烟草产业的高质量发展提供科学依据。

9.1　评价方法

采用多指标综合分析法综合评价基地单元现代烟草农业建设效果。多指标分析法的基本步骤为：

（1）建立基地单元现代烟草农业建设效果评价的综合指标体系；

（2）运用德尔菲法和层次分析方法确定各级指标的权重；

（3）对各级指标原始数据进行标准化处理；

（4）利用数学模型计算基地单元现代烟草农业效果评价指数，其基本模型如下：

$$X = \sum_{k=1}^{n} W_k \sum_{i=1}^{m_k} W_{ki} C_{ki}$$

式中，X 为基地单元建设效果综合评价指数，n 代表一级指标总数量，W_k 代表第 k 个一级指标的权重，W_{ki} 代表第 k 个一级指标中第 i 个二级指标权重，C_{ki} 代表第 k 个一级指标中第 i 个二级指标数值，m_k 代表第 k 个一级指标中二级指标的数量。

9.2　评价指标体系的构建

9.2.1　评价指标体系构建的指导思想

基地单元现代烟草农业建设效果评价指标体系的构建，首先，要能够客观、真实地反映出基地单元现代烟草农业建设现状和发展趋势；其次，要能够有效地帮助决策部门和经营管理部门科学合理和客观地评价基地单元现代烟草农业建设水平和建设效果，较为全面地了解各相关政策和措施、各相关生产经营活动对基地单元建设和运行的因果关系，以利于作出及时的反应和调整，分门别类地指导好基地单元未来的建设发展；第三，要能够使具有相似自然条件的基地单元能够以相对统一的衡量标准，客观地进行自我评估和横向比较，促进基地单元之间能够相互取长补短，共同加快推进基地单元现代烟草农业的建设发展；第四，要有一定的前瞻性，要能够使各基地单元通过综合评估，明确未来建设发展的努力方向和目标追求。

9.2.2 评价指标设计的基本原则

1. 科学性原则

评价指标体系结构是否科学合理，直接关系到评价的质量和实用效果。为此，评价指标体系的设计要紧扣现代烟草农业的本质、内涵和特征，充分考虑基地单元现代烟草农业建设发展的总体目标和要求，既要体现基地单元现代烟草农业建设的行业效果，也要体现社会效果；既要反映基地单元的现代烟草农业发展水平，又要体现基地单元现代烟草农业潜在的发展能力。以系统论、现代统计理论以及相关理论和方法论为基础，科学合理地构建评价指标体系，力求能够规范、准确、客观地反映出基地单元现代烟草农业建设的基本内涵和发展要求。

2. 真实性和可靠性原则

评价指标的选择应尽可能充分考虑指标源数据的真实性和可靠性。一般地看，下级单位出于经济利益的考虑或者是下级官员出于政绩和晋升的考虑可能会在需要上报或检查评估的统计数据上作假。烟草行业是一个特殊行业，实行的是高度集中统一的专卖管理体制，在这种体制下更容易滋生检查、评估统计数据的作假问题。

3. 简洁和易操作性

评价指标在设计时，对指标源数据的界定明确，以定量指标数据为主，尽可能减少定性指标，降低评价者的主观影响。评价指标体系的选择应尽可能从不同层次、不同方位反映基地单元现代烟草农业建设和发展。一级指标的设立要尽可能吸收基地单元建设的主要要素，重点突出，层次清楚，结构合理；二级指标的设计要简明扼要，在保证数据真实性的前提下，容易获得数据，尽可能使用相关部门已经采集到的数据，既能保证评估结果的真实性，又使得评估具有易操作性。

4. 指导性原则

评价指标体系的建立和运用，要从宏观指导的角度出发，以基地单元发展规划为依据，对各基地单元现代农业建设效果和发展水平进行一个客观的评价，指导被评价基地单元发现自身建设的短板，引导相关部门制定优惠政策，采取有力措施，发展现代烟草农业，转变烟叶生产方式，为其他类似地区发展现代烟草农业提供方向性的指导。

9.2.3　评价指标体系的建立

按照基地单元现代烟草农业建设的基本方针和战略任务，设立如下三个模块：基地单元模块，主要评价基地单元基础设施建设和专业化服务水平；烟农模块，主要评价烟农生产方式和经营绩效；卷烟工业企业模块，反映卷烟工业企业对基地单元现代烟草农业建设的满意度评价。

1. 基地单元模块

基地单元是现代烟草农业建设载体，基地单元规模、规模化种植水平、基础设施建设水平和专业化服务提供能力对于推进原料供应基地化、烟叶品质特色化和生产方式现代化深度融合，增强基地单元综合生产能力和优质原料保障能力具有非常重要的作用。因此，对基地单元的评价从其规模、基础设施建设水平和专业化提供能力三个方面来进行。对基地单元规模的评价选择以下几个指标，即基本烟田面积（亩）、当年烤烟种植面积（亩）、当年烤烟收购总量和烟农总户数（户）。规模化种植水平的评价选择了户均烤烟种植面积和集中连片种植比例这两个指标。基地单元基础设施建设水平用烟水工程覆盖率、机耕路覆盖率、育苗设施覆盖率和密集烤房覆盖率等几个指标来评价。专业化服务提供能力用专业化机耕服务烟田覆盖率、专业化育苗服务烟田覆盖率、专业化植保服务烟田覆盖率、专业化烘烤服务烟田覆盖率和专业化分级服务烟田覆盖率等几个指标来评价。

2. 烟农模块

烟农是烟叶生产和发展的微观主体，烟农烟叶生产方式的转变、烟叶生产者的数量与质量以及烟叶生产经营绩效的改善直接体现了更高的一个层面——基地单元的现代烟草农业建设水平和效果。烟农生产方式可以从烤烟种植规模、烤烟生产的用工数量、各类专业化服务烟农使用率等几个方面来衡量；烟叶生产者的数量与质量用烟叶生产者的平均受教育年限和从事烟叶生产劳动力占农村劳动力的比重两个指标来评价；烟农的烟叶生产经营绩效主要用经济效益指标来衡量，如烟农种植烤烟收入、上中等烟所占比重等。

3. 卷烟工业企业模块

尽管烟叶作为专卖商品实行调拨供应，但也需要营销，特别是在烟叶供给充分的情况下。而营销的本质就是通过满足顾客即卷烟工业企业的需要达到顾客的满意。因此，如何向卷烟工业企业提供能够满足它们需求的烟叶产品，不断提高卷烟工业企业的满意程度，是基地单元建设的一项重要任务。目前，还没有建立一套从卷烟工业企业满意度出发的，规范科学的基地单元现代烟草农业建设效果评价体系。卷烟工业企业满意度评价可以从以下几个方面来进行：基地单元烟叶生产能力评价（包括对基地单元耕地数量、耕地质量、灌溉条件、基础设施和种烟劳动力等基地单元土地资源和劳动力等资源条件的评价，对基地单元技术人员培训和烟农培训的评价，对基地单元品种、育苗、施肥、病虫害防治、烘烤、分级等关键技术落实的评价，对烟叶不同生长时期长势的评价，对当地政府和商业企业支持力度的满意度评价等）；基地单元烟叶供应能力评价（包括对烟叶采烤质量、外观质量、烟叶等级等的评价）；基地单元烟叶质量评价（包括烟叶的感官质量和内在质量评价）。毫无疑问，作为烟叶的需求方，卷烟工业企业的满意程度评价能够从另一个角度较为客观地反映基地单元现代烟草农业建设效果，反映卷烟工业企业烟叶需求的满足程度以及基地单元建设的一个潜在方向。

9.2.4 评价指标体系权重的确定

在任一综合指标体系中，由于所设置指标承载信息的类型不同，各指标子系统及具体指标项在描述某一社会现象或社会状况中所起作用程度也不同，因此，综合指标值并不等于各具体指标简单相加，而是一种加权求和的关系。

由于评价指标体系所设置指标承载信息的类型不同，各指标子系统及具体指标项在描述基地单元现代烟草农业建设效果中所起作用程度也不同；同时，每个评价指标对基地单元现代烟草农业建设效果的贡献率有一定差异，因此，综合评价指标值并不等于各具体指标简单相加，而是一种加权求和的关系。而客观公正的指标权重是评价基地单元现代烟草农业建设效果的关键。

权重是表示各指标在目标评价中作用不同的系数，权重的确定对总体评价结果具有重要影响。同一组指标值，不同的权重系数，会导致相差很大的评价结果。传统的权重确定方法多是依据经验进行定性分析，从主观上进行判断，但由于受人们主观和生理上的影响，直接同时分析判断多个指标的权重非常困难，亦不准确。

层次分析法是一种使用的多准则决策方法，其基本思路是评价者首先将复杂问题分解为若干组成要素，并将这些要素按支配关系形成有序的递进层次结构；然后通过两两比较，确定层次中诸要素的综合评价值，并据此进行决策。层次分析法体现了人们在决策思维过程中进行分解、判断、综合的基本特征，虽然也带有一定的主观性，但由于它设计了判断矩阵一致性检验的方差计算法，对明显矛盾的判断矩阵予以剔除，从而提高了权重确定的科学性和逻辑性。具体步骤如下：

1. 构造判断矩阵

在基地单元现代烟草农业建设效果的递进层次结构的综合指标体系建立之后，为了比较某一层次指标对上一层某一指标影响的相对重要程度，我们采用专家咨询方法，邀请了多位专家对同一层次中的指标进行两两比较，同时引入层次分析法常用的 1～9 标度来判断指标的相对重要性，并构造如下判断矩阵（表 9-1）：

表 9-1　判断矩阵

A	B_1	B_2	$\cdots$	B_n
B_1	a_{11}	a_{12}	$\cdots$	a_{1n}
B_2	a_{21}	a_{22}	$\cdots$	a_{2n}
$\cdots$	$\cdots$	$\cdots$	$\cdots$	$\cdots$
B_n	a_{n1}	a_{n2}	$\cdots$	a_{nn}

注：B_i、B_j 表示同一指标层次中两两进行比较的因素；b_{ij} 是因素 B_i 与 B_j 相比较的重要性程度量化值。

2. 计算各层次指标的单排序权重值

第一，对判断矩阵行求积：令 $M_i = \prod\limits_{j=1}^{n} b_{ij}\,(i = 1,2,\cdots,n)$，

第二，求 M_i 的 n 次方根：令 $w'_i = \sqrt[n]{M_i}\,(i = 1,2,\cdots,n)$，

第三，对向量 $w = \begin{bmatrix} w_1 \\ w_2 \\ \cdots \\ w_n \end{bmatrix}$ 正规化（归一化），即 $w_i = \dfrac{w'_i}{\sum\limits_{i=1}^{n} w_i}\,,(i = 1,2,\cdots,n)$，

得到层次单排序权值向量 $w = \begin{bmatrix} w_1 \\ w_2 \\ \cdots \\ w_n \end{bmatrix}\,,(i = 1,2,\cdots,n)$。

3. 判断矩阵的一致性检验

在对多因素进行比较时，往往难以保证比较前后的一致性。只有使这种不一致的程度保持在一个容许的范围内，判断

矩阵才能使用，这就需要对判断矩阵进行一致性检验，只有通过检验，才能说明判断矩阵在逻辑上是合理的，才能继续对结果进行分析。

一致性检验步骤如下：

第一，求判断矩阵的最大特征向量，即：$\lambda_{max}=\dfrac{1}{n}\sum\limits_{i=1}^{n}\dfrac{Bw_i}{w_i}$，其中 B 为判断矩阵，n 为矩阵的阶数，w 为矩阵的特征向量。

第二，求一致性指标，$CI=\dfrac{\lambda_{max}-n}{n-1}$，其中 n 为判断矩阵的阶数。

第三，计算一致性系数，$CR=\dfrac{CI}{RI}$，其中 RI 为平均随机一致性指标（表 9-2），它的值与判断矩阵的阶数有关；当 $CR<0.1$ 时，就认为判断矩阵的不一致性在容许范围内，即该判断矩阵具有"满意的一致性"；当 $CR\geqslant0.1$ 时，则需对判断矩阵进行修正。

表 9-2　平均随机一致性指标 RI 与判断矩阵 n 的对应表

n	1	2	3	4	5	6	7	8	9
RI	0.00	0.00	0.58	0.90	1.12	1.24	1.32	1.41	1.45

4. 计算各层次指标相对于总目标的组合权重

利用上述（1）～（3）步骤计算好各层的权重数值后，还需要计算出各层指标相对于总目标的组合权重。若共有 s 层，则第 k 层对总目标的组合权重向量为：$w^{(k)}=W^{(k)}w^{(k-1)}$，$k=3$，4，$\cdots$，s；其中，$W^{(k)}$ 是以第 k 层对第 $k-1$ 层的权重向量为列向量组成的矩阵。于是最下层（第 s 层）对总目标的组合权重

向量为 $w^{(s)} = W^{(s)} w^{(s-1)} \cdots W^{(3)} w^{(2)}$。从以上可以看出，这一过程是由最高层次到最低层次逐层进行的。

5. 组合一致性检验

在层次分析法中，除了对每个判断矩阵进行一致性检验，以判断每个权重向量是否可以应用外，还要进行组合一致性检验，以确定权重向量是否可以作为最终的决策依据。组合一致性检验可逐层进行。若第 p 层的一致性指标为 $CI_1^{(p)}$，…，$CI_n^{(p)}$，（n 为第 $p-1$ 层指标的个数），随机一致性指标为 $RI_1^{(p)}$，…，$RI_n^{(p)}$，定义为 $[CI_1^{(p)}, \cdots, CI_n^{(p)}] w^{(p-1)}$，$[RI_1^{(p)}, \cdots, RI_n^{(p)}] w^{(p-1)}$，则第 p 层对第 1 层的组合一致性比率为 $CR^{(p)} = CR^{(p+1)} + \dfrac{CI^{(p)}}{RI^{(p)}}$，$p = 3，4，\cdots，s$。当最下层对目标层的组合一致性比率 $CR^{(s)} < 0.1$ 时，认为整个层次的比较判断通过了一致性检验。此时，就可以按照组合权重向量表示的结果进行决策，否则就需要调整判断矩阵直至得到满意的一致性。

9.2.5　基地单元现代烟草农业建设效果评价

1. 构建比较判断矩阵，判断指标间两两相对重要性，确定各级指标权重（表 9-3）

基地单元现代烟草农业建设效果评价指标重要度的确定是在广泛调研的基础上得出的，除了采用德尔菲法由有关专家及业内人士进行专家决策外，还进行了相关问卷调查。在大量调研资料的基础上利用统计方法进行分析、归纳、总结，得出各层次各指标之间的比较判断矩阵。

第一，计算准则层相对目标层的比较判断矩阵。

$$A_{1-B} = \begin{bmatrix} 1 & 5 & 3 \\ 1/5 & 1 & 1/3 \\ 1/3 & 3 & 1 \end{bmatrix}$$

$$B_{1-C} = \begin{bmatrix} 1 & 1 & 1/3 & 1/3 \\ 1 & 1 & 1/3 & 1 \\ 3 & 3 & 1 & 1 \\ 3 & 3 & 1 & 1 \end{bmatrix}$$

$$B_{2-C} = \begin{bmatrix} 1 & 5 & 3 \\ 1/5 & 1 & 1/3 \\ 1/3 & 3 & 1 \end{bmatrix}$$

$$B_{3-C} = \begin{bmatrix} 1 & 5 & 3 & 5 & 5 & 1 & 1 \\ 1/5 & 1 & 1/3 & 1 & 1 & 1/5 & 1/5 \\ 3/5 & 1/3 & 1 & 1/3 & 1/3 & 3/5 & 3/5 \\ 1/5 & 1 & 1/3 & 1 & 1 & 1/5 & 1/5 \\ 1/5 & 1 & 1/3 & 1 & 1 & 1/5 & 1/5 \\ 1 & 5 & 5/3 & 5 & 5 & 1 & 1 \\ 1 & 5 & 5/3 & 5 & 5 & 1 & 1 \end{bmatrix}$$

$$C_{1-D} = \begin{bmatrix} 1 & 1 & 1 & 3 \\ 1 & 1 & 1 & 3 \\ 1 & 1 & 1 & 3 \\ 1/3 & 1/3 & 1/3 & 1 \end{bmatrix}$$

$$C_{2-D} = \begin{bmatrix} 1 & 1/2 \\ 2 & 1 \end{bmatrix}$$

$$C_{3-D} = \begin{bmatrix} 1 & 1 & 1 & 1 \\ 1 & 1 & 1 & 1 \\ 1 & 1 & 1 & 1 \\ 1 & 1 & 1 & 1 \end{bmatrix}$$

$$C_{4-D} = \begin{bmatrix} 1 & 1 & 1 & 1/2 & 1/2 \\ 1 & 1 & 1 & 1/2 & 1/2 \\ 1 & 1 & 1 & 1/2 & 1/2 \\ 2 & 2 & 2 & 1 & 1 \\ 2 & 2 & 2 & 1 & 1 \end{bmatrix}$$

$$C_{5-D} = \begin{bmatrix} 1 & 2/3 & 2 & 2 & 2 & 1 & 1 \\ 3/2 & 1 & 2 & 2 & 2 & 1 & 1 \\ 1/2 & 1/3 & 1 & 1 & 1 & 1/2 & 1/2 \\ 1/2 & 1/3 & 1 & 1 & 1 & 1/2 & 1/2 \\ 1/2 & 1/3 & 1 & 1 & 1 & 1/2 & 1/2 \\ 1 & 2/3 & 2 & 2 & 2 & 1 & 1 \\ 1 & 2/3 & 2 & 2 & 2 & 1 & 1 \end{bmatrix}$$

$$C_{6-D} = \begin{bmatrix} 1 & 1/5 \\ 5 & 1 \end{bmatrix}$$

$$C_{7-D} = \begin{bmatrix} 1 & 1 \\ 1 & 1 \end{bmatrix}$$

$$C_{8-D} = \begin{bmatrix} 1 & 1/2 & 1/3 & 1/3 & 1 \\ 2 & 1 & 2/3 & 2/3 & 2 \\ 3 & 3/2 & 1 & 1 & 3 \\ 3 & 3/2 & 1 & 1 & 3 \\ 1 & 1/2 & 1/3 & 1/3 & 1 \end{bmatrix}$$

$$C_{9-D} = \begin{bmatrix} 1 & 3 \\ 1/3 & 1 \end{bmatrix}$$

$$C_{10-D} = \begin{bmatrix} 1 & 5 & 5 & 5/2 & 5/3 & 5/2 \\ 1/5 & 1 & 1/5 & 1/2 & 1/3 & 1/2 \\ 1/5 & 1 & 1 & 1/2 & 1/3 & 1/2 \\ 2/5 & 2 & 2 & 1 & 2/3 & 1 \\ 3/5 & 3 & 3 & 3/2 & 1 & 3/2 \\ 2/5 & 2 & 2 & 1 & 2/3 & 1 \end{bmatrix}$$

$$C_{11-D} = \begin{bmatrix} 1 & 1 & 1 & 1 \\ 1 & 1 & 1 & 1 \\ 1 & 1 & 1 & 1 \\ 1 & 1 & 1 & 1 \end{bmatrix}$$

$$C_{12-D} = \begin{bmatrix} 1 & 1/3 \\ 3 & 1 \end{bmatrix}$$

$$C_{13-D} = \begin{bmatrix} 1 & 1/3 & 1/2 & 1/3 \\ 3 & 1 & 2 & 3 \\ 2/3 & 2 & 1 & 2/3 \\ 1 & 1/3 & 3/2 & 1 \end{bmatrix}$$

$$C_{14-D} = \begin{bmatrix} 1 & 1/3 \\ 3 & 1 \end{bmatrix}$$

第二，计算比较判断矩阵的特征向量及特征根。

经过计算得矩阵 A_{1-B} 的特征向量 $W = (0.637，0.105，0.258)^T$，特征值 $\lambda_{max} = 3.038$，说明对于总目标 A，准则 B_1（基地单元）、B_2（烟农）和 B_3（卷烟工业企业）的相对重要性报告权重值分别为 0.637、0.105 和 0.258。

同理可得，矩阵 B_{1-C} 的特征向量 $W = (0.125，0.125，0.375，0.375)^T$，特征值 $\lambda_{max} = 4$。

B_{2-C} 的特征向量 $W = (0.637，0.105，0.258)^T$，特征值 $\lambda_{max} = 3.038$。

B_{3-C} 的特征向量 $W=$ （0.256，0.081，0.154，0.051，0.051，0.203，0.203）^{T}，特征值 $\lambda_{\max}=7.443$。

C_{1-D} 的特征向量 $W=$ （0.3，0.3，0.3，0.1）^{T}，特征值 $\lambda_{\max}=4$。

C_{2-D} 的特征向量 $W=$ （0.333，0.667）^{T}，特征值 $\lambda_{\max}=2$。

C_{3-D} 的特征向量 $W=$ （0.25，0.25，0.25，0.25）^{T}，特征值 $\lambda_{\max}=4$。

C_{4-D} 的特征向量 $W=$ （0.145，0.145，0.167，0.253，0.290）^{T}，特征值 $\lambda_{\max}=5.058$。

C_{5-D} 的特征向量 $W=$ （0.167，0.250，0.083，0.083，0.083，0.167，0.167）^{T}，特征值 $\lambda_{\max}=7$。

C_{6-D} 的特征向量 $W=$ （0.167，0.833）^{T}，特征值 $\lambda_{\max}=2$。

C_{7-D} 的特征向量 $W=$ （0.5，0.5）^{T}，特征值 $\lambda_{\max}=2$。

C_{8-D} 的特征向量 $W=$ （0.102，0.154，0.305，0.305，0.134）^{T}，特征值 $\lambda_{\max}=5.239$。

C_{9-D} 的特征向量 $W=$ （0.75，0.25）^{T}，特征值 $\lambda_{\max}=2$。

C_{10-D} 的特征向量 $W=$ （0.058，0.130，0.130，0.206，0.270，0.206）^{T}，特征值 $\lambda_{\max}=6.547$

C_{11-D} 的特征向量 $W=$ （0.25，0.25，0.25，0.25）^{T}，特征值 $\lambda_{\max}=4$。

C_{12-D} 的特征向量 $W=$ （0.25，0.75）^{T}，特征值 $\lambda_{\max}=2$。

C_{13-D} 的特征向量 $W=$ （0.275，0.113，0.275，0.337）^{T}，特征值 $\lambda_{\max}=4.083$。

C_{14-D} 的特征向量 $W=$ （0.25，0.75）^{T}，特征值 $\lambda_{\max}=2$。

第三，进行一致性检验。

已知 A_{1-B} 的 $\lambda_{\max}=3.038$，A_{1-B} 为 3×3 矩阵，即 $n=3$，故一致性指标 $CI=(\lambda_{\max}-n)/(n-1)=(3.038-3)/(3-1)=$

0.019，查表可得当 $n=3$ 时，平均随机一致性指标 $RI=0.58$，得随机一致性比率 $CR=CI/RI=0.019/0.58=0.032\,8<0.1$。所以，比较判断矩阵 A_{1-B} 具有满意的一致性。同理可得，比较判断矩阵 B_{1-C} 的 $CR=0.000<0.1$，表明比较判断矩阵 B_{1-C} 具有满意的一致性。B_{2-C} 的 $CR=0.032\,8<0.1$，B_{3-C} 的 $CR=0.054\,3<0.1$，C_{1-D} 的 $CR=0.000<0.1$，C_{2-D} 的 $CR=0.000<0.1$，C_{3-D} 的 $CR=0.000<0.1$，C_{4-D} 的 $CR=0.013<0.1$，C_{5-D} 的 $CR=0.000<0.1$，C_{6-D} 的 $CR=0.000<0.1$，C_{7-D} 的 $CR=0.000<0.1$，C_{8-D} 的 $CR=0.053\,4<0.1$，C_{9-D} 的 $CR=0.000<0.1$，C_{10-D} 的 $CR=0.086\,9<0.1$，C_{11-D} 的 $CR=0.000<0.1$，C_{12-D} 的 $CR=0.000<0.1$，C_{13-D} 的 $CR=0.031\,1<0.1$，C_{14-D} 的 $CR=0.000<0.1$。

表9-3　基地单元现代烟草农业建设效果评价指标及相应权重（括号内为权重）

A 基地单元现代烟草农业建设效果评价指标体系	B_1 基地单元 (0.333)	C_1 基地单元规模 (0.125)	D_1 基本烟田面积 (0.3)
			D_2 烤烟种植面积 (0.3)
			D_3 烤烟收购量 (0.3)
			D_4 烟农总数 (0.1)
		C_2 规模化种植 (0.125)	D_5 户均烤烟种植面积 (0.333)
			D_6 连片种植比重 (0.667)
		C_3 基础设施建设水平 (0.375)	D_7 烟水工程覆盖率 (0.25)
			D_8 机耕路覆盖率 (0.25)
			D_9 育苗工场覆盖率 (0.25)
			D_{10} 密集烤房覆盖率 (0.25)
		C_4 专业化服务提供能力 (0.375)	D_{11} 专业化机耕服务烟田覆盖率 (0.145)
			D_{12} 专业化育苗服务烟田覆盖率 (0.145)
			D_{13} 专业化植保服务的烟田覆盖率 (0.167)
			D_{14} 专业化烘烤服务的烟田覆盖率 (0.253)
			D_{15} 专业化分级服务的烟田覆盖率 (0.290)

（续）

A 基地单元现代烟草农业建设效果评价指标体系			
	B_2 烟农 (0.333)	C_5 烟叶生产方式 (0.637)	D_{16} 烤烟种植规模 (0.167)
			D_{17} 烤烟生产亩均用工 (0.250)
			D_{18} 机耕服务烟农使用率 (0.083)
			D_{19} 专业化育苗服务烟农使用率 (0.083)
			D_{20} 专业化植保服务烟农使用率 (0.083)
			D_{21} 专业化烘烤服务烟农使用率 (0.167)
			D_{22} 专业化分级服务烟农使用率 (0.167)
		C_6 烟农数量与质量 (0.105)	D_{23} 烟农所占比重 (0.167)
			D_{24} 烟农平均受教育年限 (0.833)
		C_7 烟叶生产经营绩效 (0.258)	D_{25} 烟农烤烟种植收入 (0.5)
			D_{26} 上中等烟所占比重 (0.5)
	B_3 卷烟工业企业 (0.333)	C_8 对基地单元烟叶生产能力的评价 (0.256)	D_{27} 耕地数量 (0.102)
			D_{28} 耕地质量 (0.154)
			D_{29} 灌溉条件 (0.305)
			D_{30} 基础设施 (0.305)
			D_{31} 种烟劳动力 (0.134)
		C_9 对基地单元培训的评价 (0.081)	D_{32} 技术人员培训 (0.75)
			D_{33} 烟农培训 (0.25)
		C_{10} 对基地单元关键生产技术落实的评价 (0.154)	D_{34} 品种 (0.058)
			D_{35} 育苗 (0.130)
			D_{36} 施肥 (0.130)
			D_{37} 病虫害防治 (0.206)
			D_{38} 烘烤 (0.270)
			D_{39} 分级 (0.206)
		C_{11} 对烟叶不同生长时期长势的评价 (0.051)	D_{40} 还苗期 (0.25)
			D_{41} 伸根期 (0.25)
			D_{42} 旺长期 (0.25)
			D_{43} 成熟期 (0.25)

（续）

A基地单元现代烟草农业建设效果评价指标体系	B_3 卷烟工业企业（0.333）	C_{12} 对当地政府和商业企业支持力度的评价（0.051）	D_{44} 当地政府支持力度（0.25）
			D_{45} 商业企业支持力度（0.75）
		C_{13} 对基地单元烟叶供应能力评价（0.203）	D_{46} 烟叶采烤质量（0.275）
			D_{47} 外观质量（0.113）
			D_{48} 等级合格率（0.275）
			D_{49} 等级纯度（0.337）
		C_{14} 对烟叶质量评价（0.203）	D_{50} 感官质量（0.25）
			D_{51} 内在质量（0.75）

2. 数据标准化

在基地单元现代烟草农业建设效果评价体系中，各指标的源数据量纲不尽相同，为去除各指标量纲不统一带来的计算困难，需要对所有源数据进行标准化处理。标准化处理的具体方法为：

第一，收集原始数据值。

将调查收集到的基地单元、烟农以及卷烟工业企业的相关数据分别列于表9-4。首先我们列出了襄城县5个国家级基地单元、宜阳县2个国家级基地单元的相关原始数据。

表9-4　基地单元指标值的实际值

单元名称	D_1	D_2	D_3	D_4	D_5	D_6	D_7	D_8
汾陈	4.8	1.77	4.65	895	13.9	37	100	100
王洛	4.8	1.8	4.98	852	18	38	100	100
十里铺	4.8	1.8	5.05	913	20.7	38	100	100
颍阳	4.8	2.21	5.08	954	29.8	46	100	100
双庙	4.8	1.72	4.34	782	14.6	36	100	100

（续）

单元名称	D_1	D_2	D_3	D_4	D_5	D_6	D_7	D_8
张坞	2.04	1.02	3.06	718	14.2	50	100	62.9
赵保	1.92	0.96	2.88	362	26.5	50	98	58.1

单元名称	D_9	D_{10}	D_{11}	D_{12}	D_{13}	D_{14}	D_{15}
汾陈	100	100	131.7	100	100	67.8	67.8
王洛	100	100	112.2	100	100	58.8	58.8
十里铺	100	100	115.6	100	100	56.1	56.1
颍阳	100	100	109.5	100	100	51.1	51.1
双庙	100	100	125.6	100	100	63.9	63.9
张坞	88.5	84.5	100	100	100	100	100
赵保	92.4	100	100	100	100	100	100

表 9-5 为烟农评价指标的实际值，来源于我们对襄城县 3 个单元 180 户烟农和宜阳 2 个单元 120 户烟农的实地调研。

表 9-5　烟农指标的实际值

单元名称	D_{16}	D_{17}	D_{18}	D_{19}	D_{20}	D_{21}
汾陈	19.7	13.7	93.1	100	11.3	20.1
王洛	23.5	12.2	95.6	100	15.9	25.3
颍阳	15.9	17.9	89.4	92.4	7.6	12.5
张坞	16.5	23.5	86.7	98.1	9.3	1.3
赵保	9.9	19.3	80.1	94.3	4.6	8.7

单元名称	D_{22}	D_{23}	D_{24}	D_{25}	D_{26}
汾陈	23.7	21.2	10.5	4 560	80.2
王洛	26.8	14.5	8.1	4 802.82	83.3
颍阳	18.9	17.8	7.9	3 895.18	76.8
张坞	22.4	53.4	7.8	3 565.08	78.8
赵保	15.9	17.1	8.3	3 197.7	80.2

表9-6列出的是卷烟工业企业评价的原始值。

表9-6 工业企业评价指标原始值

单元名称	D_{27}	D_{28}	D_{29}	D_{30}	D_{31}	D_{32}	D_{33}	D_{34}	D_{35}
汾陈	7	7	8	8	5	8	7	7	8
王洛	8	8	8	9	6	9	9	8	9
颍阳	5	5	7	7	4	8	7	6	8
张坞	4	3	5	6	6	8	7	7	8
赵保	3	3	5	6	6	8	6	6	8

单元名称	D_{36}	D_{37}	D_{38}	D_{39}	D_{40}	D_{41}	D_{42}	D_{43}
汾陈	7	5	8	8	6	7	6	7
王洛	8	6	8	9	5	6	7	8
颍阳	6	5	7	7	5	7	7	8
张坞	6	5	7	6	4	6	5	7
赵保	6	5	7	7	4	6	5	7

单元名称	D_{44}	D_{45}	D_{46}	D_{47}	D_{48}	D_{49}	D_{50}	D_{51}
汾陈	8	7	8	8	9	7	8	9
王洛	7	7	9	9	9	8	9	9
颍阳	8	7	8	8	9	7	7	8
张坞	9	9	7	7	8	6	7	7
赵保	9	9	6	7	7	5	7	7

第二，数据标准化。

我们选择最大值（逆向指标最小值，下同）方法进行数据标准化。具体过程为：首先确定相应指标值中的最大值，假设个体指标为X_i，最大值为$\max X_i$，最小值为$\min X_i$，标准化值为Z_i，那么对于正向指标可按以下公式得出标准化处理结果：

$$Z_{ij} = \frac{D_{ij} - D_{ij}^{\min}}{D_{ij}^{\max} - D_{ij}^{\min}}$$

对于负向指标可按以下公式得出标准化处理结果：

$$Z_{ij} = \frac{D_{ij}^{\min} - D_{ij}}{D_{ij}^{\max} - D_{ij}^{\min}}$$

基地单元指标值的标准化处理结果如表 9 - 7 所示：

表 9 - 7　基地单元指标值的标准化值

单元名称	D_1	D_2	D_3	D_4	D_5	D_6	D_7	D_8
汾陈	100.0	80.1	91.5	93.8	46.6	74.0	100.0	100.0
王洛	100.0	81.4	98.0	893	60.4	76.0	100.0	100.0
十里铺	100.0	81.4	99.4	95.7	69.5	76.0	100.0	100.0
颍阳	100.0	100.0	100.0	100.0	100.0	92.0	100.0	100.0
双庙	100.0	77.8	85.4	82.0	49.0	72.0	100.0	100.0
张坞	42.5	46.2	60.2	75.3	47.7	100.0	100.0	62.9
赵保	40.0	43.4	56.7	37.9	88.9	100.0	98.0	58.1

单元名称	D_9	D_{10}	D_{11}	D_{12}	D_{13}	D_{14}	D_{15}
汾陈	100.0	100.0	100.0	100.0	100.0	67.8	67.8
王洛	100.0	100.0	85.2	100.0	100.0	58.8	58.8
十里铺	100.0	100.0	87.8	100.0	100.0	56.1	56.1
颍阳	100.0	100.0	83.1	100.0	100.0	51.1	51.1
双庙	100.0	100.0	95.4	100.0	100.0	63.9	63.9
张坞	88.5	84.5	75.9	100.0	100.0	100.0	100.0
赵保	92.4	100.0	75.9	100.0	100.0	100.0	100.0

烟农评价指标的标准化值如表 9 - 8 所示。

表 9-8 烟农指标的标准化值

单元名称	D_{16}	D_{17}	D_{18}	D_{19}	D_{20}	D_{21}
汾陈	83.83	89.05	97.38	100.00	71.07	79.45
王洛	100.00	100.00	100.00	100.00	100.00	100.00
颍阳	96.36	100.00	100.00	94.19	81.72	87.41
张坞	100.00	0.68	100.00	100.00	100.00	100.00
赵保	100.00	0.83	100.00	100.00	100.00	100.00

单元名称	D_{22}	D_{23}	D_{24}	D_{25}	D_{26}
汾陈	88.43	39.70	100.00	94.94	96.28
王洛	100.00	27.15	97.59	100.00	100.00
颍阳	84.38	3.33	95.18	100.00	95.76
张坞	100.00	100.00	93.98	100.00	98.25
赵保	100.00	100.00	100.00	100.00	100.00

卷烟工业企业评价值标准化结果列于表 9-9。

表 9-9 工业企业评价指标标准化值

单元名称	D_{27}	D_{28}	D_{29}	D_{30}	D_{31}	D_{32}	D_{33}	D_{34}
汾陈	87.50	87.50	100.00	88.89	83.33	88.89	77.78	87.50
王洛	100.00	100.00	100.00	100.00	100.00	100.00	100.00	100.00
颍阳	62.50	62.50	87.50	77.78	66.67	88.89	77.78	75.00
张坞	50.00	37.50	62.50	66.67	100.00	88.89	77.78	87.50
赵保	37.50	37.50	62.50	66.67	100.00	88.89	66.67	75.00

单元名称	D_{35}	D_{36}	D_{37}	D_{38}	D_{39}	D_{40}	D_{41}	D_{42}	D_{43}
汾陈	88.89	87.50	83.33	100.00	88.89	100.00	100.00	85.71	87.50
王洛	100.00	100.00	100.00	100.00	100.00	83.33	85.71	100.00	100.00
颍阳	88.89	75.00	83.33	100.00	77.78	83.33	100.00	100.00	100.00
张坞	88.89	75.00	83.33	87.50	66.67	66.67	85.71	71.43	87.50
赵保	88.8	75.00	83.33	87.50	66.67	66.67	85.71	71.43	87.50

（续）

单元名称	D_{44}	D_{45}	D_{46}	D_{47}	D_{48}	D_{49}	D_{50}	D_{51}
汾陈	88.89	77.78	88.89	88.89	100.00	87.50	88.89	100.00
王洛	77.78	77.78	100.00	100.00	100.00	100.00	100.00	100.00
颍阳	88.89	77.78	88.89	88.89	100.00	87.50	77.78	88.89
张坞	100.00	100.00	66.67	77.78	88.89	75.00	77.78	77.78
赵保	100.00	100.00	66.67	77.78	77.78	62.50	77.78	77.78

第三，测评结果。

根据评价模型 $X = \sum W_{Ci} \sum W_{Di} D_i$ 和各指标对应的权重，可以分别得出基地单元、烟农和卷烟工业企业的评价结果（表9-10）。

表9-10 基地单元评分值

单元名称	得分	D_1	D_2	D_3	D_4	D_5	D_6	D_7	D_8
汾陈	87.9	3.8	3.0	3.4	1.0	1.9	6.2	9.4	9.4
王洛	86.3	3.8	3.1	3.7	1.1	2.5	6.3	9.4	9.4
十里铺	86.4	3.8	3.1	3.7	1.2	2.9	6.3	9.4	9.4
颍阳	88.5	3.8	3.8	3.8	1.3	4.2	7.7	9.4	9.4
双庙	86.3	3.8	2.9	3.2	1.0	2.0	6.0	9.4	9.4
张坞	84.5	1.6	1.7	2.3	0.9	2.0	8.3	9.4	5.9
赵保	86.6	1.5	1.6	2.1	0.5	3.7	8.3	9.2	5.4

单元名称	D_9	D_{10}	D_{11}	D_{12}	D_{13}	D_{14}	D_{15}
汾陈	9.4	9.4	5.4	5.4	6.3	6.4	7.4
王洛	9.4	9.4	4.6	5.4	6.3	5.6	6.4
十里铺	9.4	9.4	4.8	5.4	6.3	5.3	6.1
颍阳	9.4	9.4	4.5	5.4	6.3	4.8	5.6
双庙	9.4	9.4	5.2	5.4	6.3	6.1	6.9
张坞	8.3	7.9	4.1	5.4	6.3	9.5	10.9
赵保	8.7	9.4	4.1	5.4	6.3	9.5	10.9

　　根据从基地单元收集到的数据所做出的评价，我们发现襄城和宜阳7个国家级单元中，得分最高的为襄城县颍阳基地单元，为88.5；其次是襄城县汾陈单元，为87.9；得分最低的为宜阳县张坞单元，得分为84.5。细致地看，襄城县汾陈、王洛、十里铺、颍阳和双庙5个基地单元在烟叶种植规模上、机械化作业水平上都明显优于宜阳县张坞和赵保基地单元。而宜阳县张坞和赵保基地单元则在烟叶连片种植规模和烟叶分级专业化服务覆盖程度上超过了襄城县基地单元。

　　从烟农指标的评价结果上看，襄城县王洛单元得分最高，为98.5；其次是颍阳单元，得分为93.2；最低的为宜阳的张坞单元，得分为83.4。王洛基地单元之所以在烟农模块评分最高主要是因为烟叶生产的规模较为适度，小农户占比较少，烟农使用专业化服务的积极性较高，烟叶生产方式发生了较大转变（表9-11）。

表9-11　烟农指标的评分值

单元名称	评分	D_{16}	D_{17}	D_{18}	D_{19}	D_{20}	D_{21}
汾陈	89.26	8.92	14.18	5.15	5.29	3.76	8.45
王洛	98.51	10.64	15.93	5.29	5.29	5.29	10.64
颍阳	93.20	10.25	15.93	5.29	4.98	4.32	9.30
张坞	83.43	10.64	10.11	5.29	5.29	5.29	10.64
赵保	84.21	10.64	10.13	5.29	5.29	5.29	10.64

单元名称	D_{22}	D_{23}	D_{24}	D_{25}	D_{26}
汾陈	9.41	0.70	8.75	12.25	12.42
王洛	10.64	0.48	8.54	12.90	12.90
颍阳	8.98	0.58	8.32	12.91	12.35
张坞	10.64	1.75	8.22	12.90	12.67
赵保	10.64	1.75	8.75	12.90	12.90

从工业企业评价的综合评分上看，襄城县王洛单元得分最高，为 98.4 分，其次是汾陈单元，为 91.4 分；而宜阳的赵堡基地单元得分只有 74.1（表 9-12）。工业企业之所以对王洛基地单元评价较高，主要是因为王洛基地单元无论是烟叶生产能力还是烟叶生产技术以及生产出来的烟叶品质都要明显高于其他单元。而宜阳县张坞基地单元和赵保基地单元则在烟叶采烤质量、外观质量、感官质量、内在质量以及等级合格率和等级纯度方面与襄城县基地单元差距较大。

表 9-12　工业企业评价指标的评分值

单元名称	评分	D_{27}	D_{28}	D_{29}	D_{30}	D_{31}	D_{32}	D_{33}	D_{34}
汾陈	91.42	2.28	3.45	7.81	6.94	2.86	5.40	1.58	0.78
王洛	98.37	2.61	3.44	7.81	7.81	3.43	6.08	2.03	0.89
颖阳	84.53	1.63	2.46	6.83	6.07	2.29	5.40	1.58	0.67
张坞	76.19	1.31	1.48	3.88	5.21	3.43	5.40	1.58	0.78
赵保	74.05	0.98	1.48	3.88	5.21	3.43	5.40	1.35	0.67

单元名称	D_{35}	D_{36}	D_{37}	D_{38}	D_{39}	D_{40}	D_{41}	D_{42}	D_{43}
汾陈	1.78	1.75	2.64	4.12	2.82	1.28	1.28	1.09	1.12
王洛	2.00	2.00	3.17	4.16	3.17	1.06	1.09	1.28	1.28
颖阳	1.78	1.50	2.64	4.16	2.47	1.06	1.28	1.28	1.28
张坞	1.78	1.10	2.64	3.64	2.11	0.85	1.09	0.91	1.12
赵保	1.78	1.10	2.64	3.64	2.11	0.85	1.09	0.91	1.12

单元名称	D_{44}	D_{45}	D_{46}	D_{47}	D_{48}	D_{49}	D_{50}	D_{51}
汾陈	1.13	2.98	4.96	2.04	5.58	5.99	4.51	15.23
王洛	0.99	2.98	5.58	2.29	5.58	6.84	5.08	15.23
颖阳	1.13	2.98	4.96	2.04	5.58	5.99	3.95	13.53
张坞	1.28	3.83	3.72	1.28	4.36	4.13	2.95	9.84
赵保	1.28	3.83	3.72	1.08	4.14	3.21	2.85	8.84

最后，我们计算 5 个单元的综合评价分值，得到结果列于
见表 9 - 13。

表 9 - 13　基地单元综合评分

单元名称	综合得分	基地单元	烟农	工业企业
汾陈	89.5	87.9	89.26	91.42
王洛	94.4	86.3	98.51	98.37
颍阳	88.7	88.5	93.20	84.53
张坞	81.4	84.5	83.43	76.19
赵保	81.6	86.6	84.21	74.05

从对基地单元、烟农以及卷烟工业企业满意度的综合评价
结果上看，王洛单元的得分最高，达到 94.4，其次是汾陈和
颍阳，分别得到 89.5 和 88.7；宜阳两个单元评价分值最低，
分别为 81.6 和 81.4。从基地单元、烟农和卷烟工业企业三个
模块的评价结果上看，由于国家烟草专卖局对基地单元出台相
应的建设规范，因此无论是在单元规模、基础设施建设水平和
专业化服务提供能力上，各个基地单元的差异并不显著。而由
于地形条件、经济发展水平等方面的不同，基地单元的烟农烟
叶生产方式存在一定差异，总体来看襄城县基地单元烟叶生产
方式更加具有集约化、规模化、专业化等现代烟草农业特征。
工业企业对襄城县基地单元满意度评价更高，主要体现在对烟
叶生产能力和烟叶质量满意程度较高。

9.3　评价结果分析

本部分采用多指标综合测定法，设置基地单元、烟农和卷
烟工业企业模块等三个模块对襄城县和宜阳县各个基地单元现

代烟草农业建设效果进行综合评价。根据基地单元模块的评价结果，我们发现襄城和宜阳7个国家级单元中，得分最高的为颍阳基地单元，为88.5；其次是汾陈单元，为87.9；得分最低的为宜阳张坞单元，得分为84.5。烟农模块的评价结果表明，襄城县王洛单元得分最高，为98.5；其次是颍阳单元，得分为93.2；最低的为宜阳的张坞单元，得分为83.4。卷烟工业企业模块上，襄城县王洛单元得分最高，为98.4分，其次是汾陈单元，为91.5分；而宜阳的赵堡基地单元得分只有74.1。因此，综合来看，王洛单元的得分最高，达到94.4，其次是汾陈和颍阳，分别得到89.5和88.7；宜阳两个单元评价分值最低，分别为81.6和81.4。

　　分模块以及综合评价的结果表明，基地单元现代烟草农业的建设效果不能仅仅只关注基地单元层面的建设情况，而忽视基地单元现代烟草农业建设真正的受众主体烟农的发展情况和卷烟工业企业的满意度评价，否则得到的评价结果就会有失偏颇，不能完全反映各个基地单元现代烟草农业建设成果。同时，更重要的是，利用第一手的对烟农和对卷烟工业企业的实地调查数据可以在一定程度上避免个别基层单位提供不真实的数据，使我们的评价结果更为真实、可靠。

　　上述评价结果可以清晰地反映出，在基地单元层面上，5个样本单元的评价结果比较接近，得分均在85分左右，这表明基地单元间硬件建设的差异并不大。但是，烟农和工业企业的评价结果单元间的差异则较大。地处平原、社会经济发展状况较好的襄城县，基地单元建设改造了传统的烟叶生产方式，规模烟农成长迅速，生产绩效明显改善，工业企业对它们满意度评价较高。对于地处丘陵山区的基地单元，由于地理、地形、社会经济发展等客观条件的限制，烟农人力资本薄弱，烟农烟叶生产方式转变较慢，工业企业满意度评价相对较低。

9.4　本章小结

　　本章采用多指标综合分析法，按照客观、真实、有效以及前瞻性的原则，分模块（基地单元、烟农和卷烟工业企业模块）对襄城县和宜阳县基地单元现代烟草农业建设效果进行综合评价。从各个模块的评价结果上看，由于襄城县基地单元在烟叶种植规模和机械化作业水平上明显优于宜阳县基地单元，襄城县在基地单元模块评价得分相对较高。在烟农模块上，由于专业化服务使用程度较高和烟叶生产的转变使得襄城县王洛基地单元评价得分最高。在卷烟工业企业模块上，由于襄城县王洛基地单元无论是烟叶生产能力还是烟叶生产技术以及烟叶品质都具有明显优势，对口的卷烟工业企业对王洛基地单元评价最高。综合来看，襄城县基地王洛单元的得分最高，其次是汾陈和颍阳基地单元，宜阳县赵保和张坞基地单元得分最低。

第 10 章　结论和政策建议

　　以品牌为导向的基地单元是烟草行业贯彻"工业反哺农业、城市支持农村"方针发展现代烟草农业的主要方式,是现代烟草农业建设的载体。河南省是我国烤烟发源地之一,也是我国烤烟生产主产区之一。本研究主要以河南省首批现代烟草农业建设整县推进试点单位——襄城县和宜阳县基地单元作为研究对象和研究主体,对现代烟草农业建设历程、建设效果、影响因素进行了深入研究。本研究还通过构建具有前瞻性和指导性的综合评价体系,对襄城县和宜阳县基地单元现代烟草农业建设效果进行综合评价。本章将在总结全书的基础上,提出一些政策建议。

10.1　主要结论

　　(1)本研究通过分析 1978— 2012 年中国烤烟生产重心的演变路径,揭示了烤烟产量重心、种植面积重心和单产重心由中向西、从北向南的演进态势,为中国烤烟生产向西南老少边穷地区转移的判断提供了科学依据。耦合性分析表明,烤烟产量重心与烤烟种植面积重心移动具有高度同向性且两个重心之间的距离较近;烤烟产量重心与单产重心移动方向不完全一致且距离较远。实证分析表明,中国烤烟生产重心的时空变化与各地区耕地资源禀赋、农业内部烤烟的比较效益显著正相关,与城镇化水平和种烟劳动力机会成本显著负相关。

（2）通过对 2005 年以来我国现代烟草农业建设历程的全面回顾和总结，将 2005 年以来我国现代烟草农业建设历程划分为四个阶段，即 2005—2006 年的起步实施阶段；2007—2009 年的试点探索阶段；2010—2017 年的推广提升阶段；2018 年以来的纵深发展阶段。

（3）运用实地调研数据，在详细描述襄城县 2005—2012 年烟叶生产基础设施建设变化的同时，结合烟农对烟叶生产基础设施的需求状况，系统地讨论了今后烟叶生产基础设施建设需要注意和解决的问题。研究结果表明，2005 年以来烟叶产区基础设施建设活动非常活跃，取得了显著成果。而随着现代烟草农业建设进程的推进，烟叶生产基础设施建设表现出较为明显的阶段性特征，每个阶段建设的侧重点有所不同。

（4）对河南省全国整县推进现代烟草农业建设的试点单位襄城县和宜阳县基地单元的基本情况进行详细介绍的基础上，从基本烟田连片、连片种植规模、烟叶生产组织形式、机械化作业情况、育苗工场建设情况、密集烤房建设情况、专业化服务提供情况等几个方面对基地单元的建设现状进行了比较分析。整体来看，由于区位优势和经济发展水平相对较高，襄城县基地单元的基本烟田连片程度、规模化种植水平、农户种植规模相对较高，烟叶生产的机械化程度高于宜阳县基地单元，育苗工场和密集烤房建设获得的行业补贴金额较高，而专业化服务覆盖程度两县各基地单元之间差异不大。

（5）利用对襄城县、宜阳县和登封市三个种烟县的农户调查数据，对比分析了基地单元和非基地单元之间在农业产出（包括土地产出和劳动产出）、烟叶品质、烟农收入和烟叶生产方式等方面的差异性。分析结果表明：第一，基地单元烤烟的土地产出水平和劳动生产率均明显高于非基地单元，种烟土地的生产力水平高于种植粮食作物的土地；第二，基地单元烟叶品质普遍优于非基地单元，无论是上中等烟比例还是烟叶收购均价基地单元均高于非基地单元；第三，基地单元尤其是襄城县基地单元烟农收入水平显著高于非基地单元；第四，从种植结构上看，相较于非基地单元，基地单元烟农种植结构更为集中于烤烟作物上，尤其是随着烤烟种植规模的增大，烟农几乎将所有土地都用来种烟；第五，在烟叶生产方式上，基地单元与非基地单元也存在较为明显的差异。基地单元土地细碎化程度明显低于非基地单元，地块较少面积较大，烟农规模化经营水平较高，更多的烟农使用育苗、机耕、植保、烘烤和分级等生产环节专业化服务。

（6）利用双重差分模型对基地单元现代烟草农业建设效果进行了定量分析，并实证研究了影响基地单元现代烟草农业建设效果的可能因素。实证分析结果显示，基地单元对于提高烟叶的单产水平和烟叶质量具有明显的促进作用，基地单元建设还显著提高了烟农的种植业收入和烤烟收入水平。

（7）采用多指标综合分析法，按照客观、真实、有效以及前瞻性的原则，分模块（基地单元、烟农和卷烟工业企业模块）对襄城县和宜阳县基地单元现代烟草农业建设效果进行综合评价。从各个模块的评价结果上看，由于襄城县基地单元在烟叶种植规模和机械化作业水平上明显优于宜阳县基地单元，襄城县在基地单元模块评价得分相对较高。在烟农模块上，由于专业化服务使用程度较高和烟叶生产的转变使得襄城县王洛基地单元评价得分最高。在卷烟工业企业模块上，由于襄城县王洛基地单元无论是烟叶生产能力还是烟叶生产技术以及烟叶品质都具有明显优势，对口的卷烟工业企业对王洛基地单元评价最高。综合来看，襄城县基地王洛单元的得分最高，其次是汾陈和颍阳基地单元，宜阳县赵保和张坞基地单元得分最低。

10.2 政策建议

（1）实行地区差异化的烤烟生产扶持政策。科学划分烟区类型，发挥市场在资源配置中的作用，制定地市级烟区类型划分详细指标体系及评定方法，科学划定核心产区、重点产区、普通产区。将政策支持的重点倾斜到烤烟相对收益较高、种烟劳动力机会成本较低、耕地资源禀赋相对丰富、烤烟发展潜力较大的烟叶核心产区和重点产区，努力提高这些地区农民的种烟收入及其在家庭总收入中的比重，从根本上确保种烟土地和种烟劳动力的可持续性。

（2）提升基地单元机械化装备水平。围绕"操作简单、省工省力、实用高效"要求，加大现有成熟机械推广应用，加快移栽、采收等用工多、机械化作业率较低环节的机械研发推广，重点突破适应丘陵、山地作业的小型农机具，形成适合不同地形、适应适度规模的全程机械化装备体系，实现烟叶生产高效精准作业，减工降本。

（3）推动基地单元烟叶与多元产业融合发展。烟叶与多元产业融合发展是推动基地单元以及烟叶产区持续稳定发展的重要途径，也是实现巩固脱贫攻坚成果同乡村振兴有效衔接的有力抓手。要加快推动一二三产业融合，建立以烟为主、多元产业协调发展、融合发展的现代农业产业体系。加强与地方政府协调沟通，把烟叶主业作为乡村振兴产业兴旺的优势产业，争取纳入乡村产业发展总体规划。高度重视永久烟田建设与保护，各产区要积极争取地方政府支持，抓紧制定出台永久烟田建设与保护政策。要依托原有基本烟田规划，划定永久烟田范围、明确保护措施、强化监管责任，确立永久烟田保护制度。以此为基础，推进烟田长期稳定流转，真正形成以烟为主的耕作制度，实现种烟地块稳定、烟农队伍稳定、烟叶质量稳定。

（4）加快推动基地单元烟叶生产基础设施建设转型升级。实施高标准基本烟田建设和新能源烤房改造升级，以烟田宜机化改造为重点，科学分类，分步实施，扎实有序推进高标准基本烟田建设。要统筹抓好老旧烤房改造升级与新建烤房补充，完善相关建设标准，合理安排建设进度，同步推进电能、太阳能、生物质能等清洁能源在烘烤中的应用，实现绿色烘烤。

（5）加大基地单元新型烟叶种植主体培育力度。加快培育种植大户、家庭农场等新型烟叶经营主体，发展多种形式的适度规模经营，培育新型职业烟农。在培育职业化烟农的同时，完善有利于保障小农户利益的扶持政策，引导成立土地股份合作社，开展专业化托管服务，提升小农户合作化、组织化程度，推动小农户与现代农业有机衔接，进而稳定烟叶种植队伍。

（6）提升基地单元专业化服务水平。规范合作社治理结构，抓好资产管理、成员管理和财务管理，理顺社企关系，不断提升合作社发展质量。拓展合作社专业化服务范围，重点推进统防统治与专业采烤服务，拓展移栽、施肥、中耕、拔秆等环节专业化服务，促进烟农轻松种烟。提升合作社服务市场化水平，探索打造一站式烟农服务平台，开展订单服务，推进烟叶生产专业服务、服务评价、服务补贴、多元产品销售等市场化运作，提升服务质量，增强烟农增收致富能力。

（7）以基地单元为载体，推进烟站标准化建设。对标《烟叶收购站设计规范》，按照"功能齐全、设施完善、标识统一、环境良好、管理科学、运行高效"的原则和专业分级散叶收购的具体实施要求，加快推进烟站改造提升，完善流水线收购作业方式，筑牢烟站硬件设施基础。强化智能收购设备研发，研发推广智能定级、自动收储烟叶设施装备系统，提高烟农售烟公允度和烟叶收购自动化水平。

（8）强化基地单元基层队伍建设。加快收购关键岗位人岗匹配，抓好四级烟叶质量管理岗位聘任与待遇落实，推进质管员、评级员、司磅员、仓管员等关键岗位由正式职工担任，持证上岗。健全完善人才培训、培养、选拔、晋升机制，强化技术培训和技能鉴定，加强烟叶栽培、烘烤、分级和复烤企业"三师三手"等技术技能人才培养使用，打通基层人才成长通道。

参 考 文 献

艾复清，柳强，邹光进，等. 2020. 烟农专业合作社运行过程中的问题与思考 [J]. 耕作与栽培，40（3）：58-59.

安晓宁，辛岭. 2020. 中国农业现代化发展的时空特征与区域非均衡性 [J]. 资源科学，42（9）：1801-1815.

巴曙松. 2013. 从城镇化的推进看不同区域的基础设施投资重点 [J]. 现代产业经济（9）：7-11.

柏振忠. 2010. 我国现代农业发展模式建设与完善的路径分析 [J]. 科学管理研究（5）：116-120.

陈初. 2014. 现代烟草农业基地单元评价筛选模式研究 [D]. 长沙：湖南农业大学.

陈江涛，张巧惠，吕建秋. 2018. 中国省域农业现代化水平评价及其影响因素的空间计量分析 [J]. 中国农业资源与区划，39（2）：205-213.

陈靖，刘洁. 2020. 小农户本位的现代农业发展及其支持机制探索 [J]. 南京农业大学学报（社会科学版）（20）：51-61.

陈俊宇，张晓杰，周克艳，刘芳清. 2015. 湖南省现代农业发展水平综合评价 [J]. 湖南农业科学（10）：115-119.

陈卫东，李继新，王丰. 2014. "统分结合"思维在现代烟草农业建设工作中的应用 [J]. 中国烟草科学，35（1）：123-126.

陈文科，林后春. 2000. 农业基础设施与可持续发展 [J]. 中国农村观察（1）：9-22.

陈晓华. 2020. 突出扶持重点，切实增强新型农业经营主体发展带动能力 [J]. 农业经济问题（11）：4-7.

陈义媛. 2020. 农业现代化的两条道路：组织化还是资本化？ [J]. 西北农

林科技大学学报（社会科学版），20（6）：124-127.

陈云飞，冯中朝. 2020. 新中国成立以来农户土地经营规模大小：演变历程、现实逻辑与未来展望［J］. 华中农业大学学报（社会科学版）（6）：128-135，167.

仇童伟，罗必良，何勤英. 2020. 农地产权稳定与农地流转市场转型——基于中国家庭金融调查数据的证据［J］. 中南财经政法大学学报（2）：133-145，160.

仇童伟，罗必良. 2018. 农业要素市场建设视野的规模经营路径［J］. 改革（3）：90-102.

崔志军，臧传江，张英华，等. 2017. 烟叶基地单元中心站"五位一体"生产管理体系构建研究［J］. 中外企业家（13）：66-67，129.

邓蒙芝. 2017. 粮食核心产区农业劳动力"弱质化"特征调查研究［J］. 经济纵横（5）：86-91.

董长燕. 2017. 襄阳市烟叶生产基础设施建设现状及对策［J］. 现代农业科技（17）：58-59.

董志凯. 2008. 我国农村基础设施投资的变迁（1950—2006年）［J］. 中国经济史研究（3）：29-37.

冯亚明. 2014. 河南省烟叶生产基础设施建设研究［J］. 湖南农业科学（21）：4-6，9.

付华，李萍. 2020. 农业机械化发展对粮食生产的影响——基于机械异质性和区域异质性的分析［J］. 财经科学（12）：40-55.

傅建祥，罗慧. 2017. 我国现代农业示范园区综合评价［J］. 西北农林科技大学学报（社会科学版），17（4）：106-113.

高帆. 2005. 我国粮食生产的地区变化：1978—2003［J］. 管理世界（9）：70-78.

高帆. 2015. 我国区域农业全要素生产率的演变趋势与影响因素——基于省际面板数据的实证分析［J］. 数量经济技术经济研究，32（5）：3-19，53.

郭婧，刘秀梅. 2020. 不同土地经营规模对玉米生产技术效率影响研究——基于内蒙古农户调研数据［J］. 内蒙古科技与经济（15）：53-55.

郭丽英，李刚．2013．环渤海地区城镇化进程中耕地面积及其重心转移格局分析 [J]．中国农业资源与区划，34（4）：32 - 36.

国家统计局调查队．中国统计年鉴 [M]．北京：中国统计出版社．1978—2012.

韩俊德．2019．京津地区农户分化对农业产出影响的实证分析 [J]．天津农业科学，25（11）：76 - 79.

韩庆龄．2020．村社统筹：小农户与现代农业有机衔接的组织机制 [J]．南京农业大学学报（社会科学版），20（3）：34 - 43.

何为媛，王莉玮，王春丽，卞京军．2019．重庆市现代农业园区综合评价体系的构建与应用 [J]．现代农业科技（18）：221 - 222，224.

何晓瑶．2020．基于 TOPSIS 模型的现代农业发展水平评价——以内蒙古自治区为例 [J]．中国农业资源与区划，41（9）：213 - 219.

何泽华．烟叶生产必须坚持走可持续发展之路 [OL]．http：//yc. ce. cn/gd/201311/29/t20131129 _ 1239072. shtml.

何泽华．2005．烟叶生产可持续发展的理性思考 [J]．中国烟草学报，11（3）：1 - 4.

黑龙江省社会科学院课题组．2013．粮食主产区农业现代化问题研究 [J]．学习与探索（12）：106 - 110.

黄梦琳．2018．西咸区域现代农业发展测度及农业模式评价研究 [J]．经济研究导刊（7）：38 - 39.

霍强，韩博，宋媛．2017．供给侧结构性改革视角下农业产业分类评价与发展重点选择——以云南高原特色现代农业为例 [J]．生产力研究（10）：60 - 63，129.

冀钦，杨建平，徐满厚．2018．山西吕梁山连片特困区现代农业发展水平综合评价 [J]．中国人口·资源与环境，28（S1）：54 - 59.

姜作培．2007．现代农业的基本特征和建设路径 [J]．经济问题（6）：69 - 71.

蒋和平，辛岭，崔奇峰．2011．中国建设现代农业的探索与经验 [J]．农业经济与管理（4）：5 - 14.

蒋文华，刘心怡．2017．省管县财政改革对地方政府财政能力影响的实证分析——基于中部六省倍差法的估计 [J]. 经济问题 (5): 68-72, 116.

蒋雨冬. 2020. 小农户＋合作社: 小农户与现代农业有机衔接模式的认识与实践 [J]. 安徽农业科学, 48 (13): 245-247.

金亚波, 王军. 2016. 主成分分析在基地单元现代烟草农业建设水平评价中的应用 [J]. 天津农业科学, 22 (1): 122-128.

孔祥智, 周振. 2020. 新型农业经营主体发展必须突破体制机制障碍 [J]. 河北学刊, 40 (6): 110-117.

雷玲, 脱潇潇. 2019. 基于供给侧结构性改革的陕西现代农业科技园区综合创新发展能力评价——基于熵权法与 TOPSIS 相结合的模型 [J]. 科技管理研究, 39 (3): 114-120.

雷玲. 2012. 西部地区现代农业发展评价研究 [D]. 杨凌: 西北农林科技大学.

黎思伟, 杨华仙. 2016. 烟叶生产基础设施建设问题与对策研究 [J]. 中国农业信息 (11): 40-41.

黎伟. 2020. 农业现代化进程中基础设施建设的经济效应、服务需求及投资模式 [J]. 农业经济 (9): 6-8.

李爱芳. 2011. 浅谈襄城县现代烟草农业进程及成效 [J]. 吉林农业 (6): 3.

李谷成. 2019. 提升农业全要素生产率 [N]. 中国社会科学报, 03-06 (04).

李光泗, 吴增明, 刘梦醒. 2016. 农业技术进步、吸收能力约束与农业技术效率研究——基于随机前沿分析 [J]. 南京财经大学学报 (3): 26-33.

李海玉. 2011. 新农村建设视域下的河南现代农业发展问题研究 [J]. 河南理工大学学报 (社会科学版), 12 (2): 166-169.

李名威, 朱晓敏, 郭丽华. 2019. 河北省新型农业经营主体玉米种植要素投入及产出效益比较研究 [J]. 粮食科技与经济, 44 (9): 28-31.

李明贤, 刘美伶. 2020. 社会化服务组织、现代技术采纳和小农户与现代农业衔接 [J]. 农业经济 (10): 12-14.

李欠男, 李谷成, 高雪, 尹朝静. 2019. 农业全要素生产率增长的地区差距及空间收敛性分析 [J]. 中国农业资源与区划，40（7）：28-36.

李团贞，赵云波. 2011. 宜阳县烟田土壤养分状况及烤烟施肥推荐 [J]. 农技服务，28（8）：1153-1161.

李翔，杨柳. 2018. 华东地区农业全要素生产率增长的实证分析——基于随机前沿生产函数模型 [J]. 华中农业大学学报（社会科学版）（6）：62-68，154.

李向东，等. 2001. 河南省郏县襄城两地烟草病毒病大发生的原因及对策 [J]. 中国烟草学报（3）：23-26.

李霄，卢圣华，汪晖. 2019. 征地对农户收入的影响及其空间分异性研究——基于 CHFS 数据的倍差法分析 [J]. 中国土地科学，33（10）：102-110.

李秀彬. 1999. 中国近20年来耕地面积的变化及其政策启示 [J]. 自然资源学报，14（4）：331-335.

李耀锋，熊春文，尹忠海. 2020. 新型农业经营主体嵌入式培育及其带动作用——以石城为例 [J]. 西北农林科技大学学报（社会科学版），20（6）：143-152.

李裕瑞，刘彦随，龙花楼. 2009. 江苏省粮食生产时空变化的影响机制 [J]. 地理科学进展，28（1）：125-131.

李芸，张安明. 2013. 基于 AHP 法的重庆市现代农业发展水平评价 [J]. 中国农学通报，29（26）：41-46.

李震，邵忠顺. 2014. 现代烟草农业背景下基层烟技员队伍建设现状与思考 [J]. 中国烟草科学，35（2）：117-121.

林本喜，黄祖辉. 2011. 基于农户资源利用效率现代农业发展评价 [J]. 内蒙古农业大学学报（社会科学版），13（3）：39-42，57.

林志华，施伟平，赖建辉. 2016. 龙岩烟区烟叶生产基础设施管护模式的探讨 [J]. 中国烟草科学，37（4）：85-90.

刘光亮，徐茜，徐辰生，等. 2019. 烟叶生产大数据管理信息系统设计及应用 [J]. 中国烟草科学，40（2）：92-98.

刘晗，王钊，姜松. 2015. 基于随机前沿生产函数的农业全要素生产率增长研究 [J]. 经济问题探索（11）：35-42.

刘吉双，张旭，韩越. 2020. 粮食适度规模经营与土地流转合理价格测算——基于新型农业经营主体视域的分析 [J]. 价格理论与实践（7）：62-65.

刘雷，张梦雨. 2020. 基于 DEA-Malmquist 指数的农业生产效率评价 [J]. 江苏农业科学，48（21）：309-314.

刘旗，张冬平. 2010. 河南现代农业发展分析 [J]. 河南农业大学学报，44（6）：726-730.

刘天军，侯军岐，费振国. 2012. 农业基础设施项目投资主体定位研究——基于市场化指数模型的定量分析 [J]. 华中农业大学学报（社会科学版）（6）：15-19.

刘卫华. 2011. 农村烟草生产基础设施建设持续发展的路径 [J]. 重庆科技学院学报（社会科学版）（19）：74-75.

刘心怡，梁祎玲. 2018. 城乡一体化视角下新型城镇化的政策效果——基于倾向值匹配倍差法的检验 [J]. 企业经济（1）：185-192.

刘秀玲，武仕强，王忠兴，冯晓红. 2011. 玉溪市红塔区现代烟草农业种植比较优势评价 [J]. 农家之友（理论版）（2）：51-53.

刘序，肖广江，雷百战，张金鸽. 2016. 基于模糊综合评价法的现代农业园区规划项目评价研究 [J]. 热带农业科学，36（1）：90-94.

刘学瑜. 2015. 北京都市型现代农业发展水平评价研究 [D]. 北京：中国农业科学院.

刘彦随，王介勇，郭丽英. 2009. 中国粮食生产与耕地变化的时空动态 [J]. 中国农业科学，42（12）：4269-4274.

刘洋，余国新. 2020. 农业社会化服务与农业现代化耦合协调发展研究——以新疆为例 [J]. 经济问题（8）：99-106.

刘增进，张瑞，王宁. 2012. 河南省烟叶生产基础设施建设问题与对策 [J]. 安徽农业科学，40（34）：16878-16879，16883.

龙伟，杨策，李庆平，周济. 2011. 楚雄州现代烟草农业综合评价体系的建立与应用 [J]. 中国烟草学报，17（4）：78-82.

陆永恒，徐天养，何兵，等. 2011. 太阳能密集型自控烤房的应用效果 [J]. 湖北农业科学，50（23）：434-436.

吕小刚. 2020. 数字农业推动农业高质量发展的思路和对策 [J]. 农业经济 (9)：15-16.

罗必良. 2019. 加强社会化服务促进小农户与现代农业有机衔接 [J]. 中国乡村发现 (2)：44-47.

罗必良. 2020. 小农户与现代农业 [J]. 农业经济问题 (1)：28.

罗必良. 2020. 小农经营、功能转换与策略选择——兼论小农户与现代农业融合发展的"第三条道路"[J]. 农业经济问题 (1)：29-47.

罗慧，傅建祥. 2017. 现代农业示范园综合评价指标体系研究——以青岛市店埠胡萝卜种植园为例 [J]. 农业现代化研究，38 (6)：1059-1066.

罗慧，傅建祥. 2017. 现代农业示范园综合评价指标体系研究——以青岛市店埠胡萝卜种植园为例 [J]. 农业现代化研究，38 (6)：1059-1066.

罗娟，姚宗路，孟海波，等. 2020. 我国农业绿色发展现状与典型模式——基于第1批国家农业绿色发展试点先行区的数据 [J]. 江苏农业科学，48 (18)：1-5.

罗玲，罗淳，乔召旗，易冕. 2015. 云南现代烟草农业发展分析 [J]. 生态经济，31 (1)：130-134.

罗仁福，张林秀，邓蒙芝. 2008. 农村公共物品投资策略的实证分析 [J]. 中国科学基金 (6)：325-330.

孟令波. 2015. 正确把握农机推广工作方向 为促进现代农业发展提供支撑 [J]. 吉林农业 (16)：50.

农业部办公厅. 2017. 关于国家现代农业示范区农业改革与建设试点三年绩效评价结果的通报 [J]. 中华人民共和国农业部公报 (2)：63-64.

钱煜昊，武舜臣. 2020. 新型农业经营主体发展模式的选择与优化——基于粮食安全和吸纳劳动力视角的经济学分析 [J]. 农业现代化研究，41 (6)：937-945.

全炯振. 2009. 中国农业全要素生产率增长的实证分析：1978—2007年——基于随机前沿分析（SFA）方法 [J]. 中国农村经济 (9)：36-47.

尚志强. 2007. 我国烟叶生产技术现状与可持续发展对策 [J]. 农业网络信息 (10)：232-234.

宋朝鹏，段史江，张文平，等. 2011. DEA 方法在现代烟草农业资源配置效率评价中的应用 [J]. 云南农业大学学报（自然科学版），26（2）：224-228，245.

宋朝鹏，陈江华，许自成，等. 2009. 我国烤房的建设现状与发展方向 [J]. 中国烟草学报，15（3）：83-86.

宋洪亭. 2012. 我国土地资源利用的可持续性浅谈 [J]. 科技创新导报（23）.

苏明华，陆小丹. 2020. 农业产出对农村个体经济的就业效应研究 [J]. 经营与管理（7）：144-151.

苏新宏，韦凤杰，胡海波. 2012. 河南省现代烟草农业发展的现状、问题与对策 [J]. 中国农业资源与区划，33（2）：62-67.

孙磊，张晓平. 2012. 北京制造业空间布局演化及重心变动分解分析 [J]. 地理科学进展，31（4）：491-497.

孙洋，王慧. 2019. 乡村振兴背景下新型农村社区生活空间满意度评价 [J]. 山东师范大学学报（自然科学版），34（3）：320-326.

谭之博，周黎安，赵岳. 2015. 省管县改革、财政分权与民生——基于"倍差法"的估计 [J]. 经济学（季刊），14（3）：1093-1114.

唐惠燕，包平. 2012. 基于 GIS 江苏水稻种植面积与产量的空间重心变迁研究 [J]. 南京农业大学学报（社会科学版），14（1）：118-124.

唐江云，胡亮，万志玲，向平. 2018. 基于 DEA 模型的四川烤烟生产效率及其影响因素研究 [J]. 中国农学通报，34（12）：69-75.

田永红. 2012. 贵州发展现代烟草农业的重大突破 [J]. 西部论坛（5）：18-20.

汪文雄，冯彦飞，张东丽，陈思瑾. 2019. 不同模式农地整治的减贫增收效应研究——基于匹配倍差法估计 [J]. 中国土地科学，33（12）：80-88.

王大锋. 2018. 烟叶基地单元管理存在的问题及对策 [J]. 中外企业家（6）：192.

王东荣. 2020. 提高上海农业用地产出效益 [J]. 科学发展（8）：81-90.

王桂新，徐丽. 2012. 中国改革开放以来省际人口迁移重心演化考探 [J].

中国人口科学（3）：23-34.

王国敏，周庆元. 2013. 中国农业现代化发展的梯度差异研究 [J]. 探索
（5）：85-89.

王介勇，刘彦随. 1990 年至 2005 年中国粮食产量重心演进格局及其驱动机
制 [J]. 资源科学，31（7）：1188-1194.

王娟，萧洪恩，梅东海，等. 2011. 现代烟草农业生产合作社模式的创新
研究——基于湖北利川基地单元组织模式实践的反思 [J]. 湖北社会科
学（3）：48-51.

王娟，萧洪恩，熊吉，等. 2011. 后发合作社的合法性困境——基于利川
现代烟草农业生产合作社运行的思考 [J]. 湖北社会科学（3）：52-54.

王璐，杨汝岱，吴比. 2020. 中国农户农业生产全要素生产率研究 [J].
管理世界，36（12）：77-93.

王群勇. 2005. 我国各地区农业生产的技术有效性——基于随机边界分析
方法的实证研究 [J]. 中国经济问题（6）：55-60.

王文磊，李茜. 2020. 区域特色与现代农业发展模式研究 [J]. 经济研究
导刊（18）：27-30.

王彦亭，谢剑平，李志宏. 2010. 中国烟草种植区划 [M]. 北京：科学出
版社.

王业松. 2020. 乡村振兴背景下农村土地承包经营权流转问题探析 [J].
农业经济（9）：80-82.

王则宇，李谷成，周晓时. 2018. 农业劳动力结构、粮食生产与化肥利用
效率提升——基于随机前沿生产函数与 Tobit 模型的实证研究 [J]. 中国
农业大学学报，23（2）：158-168.

王志丹，潘荣光，赵英明，钟智利. 2018. 基于熵权法的沈阳市现代都市
农业发展水平评价研究 [J]. 辽宁农业科学（3）：21-23.

王志丹，赵姜，毛世平，吴敬学. 2014. 中国甜瓜产业区域优势布局研究
[J]. 中国农业资源与区划，35（1）：128-133.

卫韦，钱桂村，黎厚勇，等. 2018. 黔西南州烟叶生产基础设施管护问题
研究 [J]. 中国农机化学报，39（8）：72-75.

魏姚远，蒋辉倩. 2019. 山地烟区烟农专业合作社经营模式探讨及创效增

收成效——以舞阳烟农专业合作社为例 [J]. 现代农业科技 (24)：227-228.

文丰安. 2020. 我国农业现代化发展研究 [J]. 中国高校社会科学 (5)：33-40.

吴佳，何树全. 2020. 中国生产要素流动对全要素生产率的空间影响 [J]. 统计与决策，36 (23)：93-97.

吴泽刚，莫有清，游安弟. 2020. 独山县烟叶生产基础设施建设管护立法调研报告 [J]. 湖北农机化 (5)：27-28.

伍山林. 2000. 中国粮食生产区域特征与成因研究——市场化改革以来的实证分析 [J]. 经济研究 (10)：38-46.

武东玲，宋正熊，王辉，等. 2020. 不同氮素水平对宜阳烟区豫烟6号烤烟生长发育和烟叶质量的影响 [J]. 现代农业科技 (5)：8-10.

武奇峰. 2016. 山西省现代农业发展水平评价研究 [D]. 杨凌：西北农林科技大学.

夏显力，陈哲，张慧丽，赵敏娟. 2019. 农业高质量发展：数字赋能与实现路径 [J]. 中国农村经济 (12)：2-15.

萧洪恩，张光辉，肖尧，侯春燕. 2014. 从国家农业观念的变革看山地烟区现代烟草农业合作组织的实践——基于湖北恩施现代烟草专业合作社发展的实践研究 [J]. 湖北社会科学 (8)：71-76.

徐建玲，储怡菲，周志远. 2020. 农业机械化对玉米生产的影响：促进还是抑制？——基于20个省际面板数据 [J]. 农林经济管理学报，19 (5)：559-568.

许经勇. 2015. 农业现代化视野的土地流转、规模经营与职业农民 [J]. 学习论坛，31 (3)：27-30.

许新华，许文兴. 2016. 基于AHP的宁德地区现代农业发展评价 [J]. 台湾农业探索 (2)：24-29.

续竞秦，罗仁福，张林秀. 2009. 税费改革对村级财务状况的而影响——对全国100个村的跟踪调查 [J]. 中国软科学，11：11-18.

杨佳利. 2020. 中国农业全要素生产率变动趋势、驱动力及收敛性——基于非参数HMB生产率指数和2003—2019年省级面板数据分析 [J]. 湖南农业大学学报（社会科学版），21（6）：20-28.

杨明月，陈宝峰. 2009. 农户对农业基础设施需求的影响因素分析——以山西省为例 [J]. 技术经济（8）：72-76.

杨仕亮，罗睿. 2018. 基于云模型的现代农业园区建设水平评价——以贵州省望谟县现代农业园区为例 [J]. 天津农业科学，24（7）：49-52.

杨万江，陈文佳. 2011. 中国水稻生产空间布局变迁及影响因素分析 [J]. 经济地理（12）：2086-2093.

杨义方. 2009. 抢抓机遇 推进现代烟草农业试点建设——襄城县大力发展现代烟草农业取得良好成效 [J]. 农村·农业·农民（A版）（5）：27-28.

杨子，张建，诸培新. 2019. 农业社会化服务能推动小农对接农业现代化吗——基于技术效率视角 [J]. 农业技术经济（9）：16-26.

姚成胜，胡宇，黄琳. 2020. 江西省农业现代化发展水平综合评价及其推进路径与区域模式选择 [J]. 中国农业资源与区划，41（5）：65-75.

姚晓洁，童亮，李久林. 2020. 基于 DEA 的传统农耕地区农业生产效率测度——以皖北为例 [J]. 中国农业资源与区划，41（11）：131-139.

姚宗东，付榕，杨斐. 2019. 供给侧结构改革背景下烟农合作社绩效评价与政策取向——以陕西烟农合作社为例 [J]. 管理评论，31（4）：295-304.

叶敬忠，豆书龙，张明皓. 2018. 小农户和现代农业发展：如何有机衔接？ [J]. 中国农村经济（11）：64-79.

叶明确. 2012. 1978—2008 年中国经济重心迁移的特征与影响因素 [J]. 经济地理，32（4）：12-18.

叶兴庆. 2018. 创新农业经营体制的基本思路与政策建议 [J]. 农村工作通讯（16）：34-37.

叶兴庆. 2017. 中国农业发展的转折性变化和政策走向 [J]. 农村工作通讯（18）：22-24.

佚名. 2013. 湖南现代烟草农业建设纪实 [J]. 中国烟草学报，19（2）：124-125.

易世鸿，迟学芳. 2015. 鲁甸县烟叶生产基础设施建设现状及对策 [J].

南方农业，9（18）：122-123.

应泽华，黄东兵. 2018. 基于改进 DEA 的贵州烟农烤烟生产成本收益效率评价研究 [J]. 经济研究导刊（24）：99-101.

袁庆禄，蒋中一. 2010. 我国烤烟生产的技术效率分析 [J]. 农业技术经济（3）：79-88.

詹琳，蒋和平. 2014. 江浙地区现代农业发展的基本路径与经验 [J]. 农业展望（12）：27-32.

张红宇，陈良彪，胡振通. 2019. 构建农业农村优先发展体制机制和政策体系 [J]. 中国农村经济（12）：16-28.

张红宇. 2018. 中国现代农业经营体系的制度特征与发展取向 [J]. 中国农村经济（1）：23-33.

张建华，郑冯忆，高达. 2020. 中国劳动力转移对全要素生产率增长的影响 [J]. 中国人口科学（6）：29-40，126-127.

张建军，袁春，付梅臣，付薇. 2006. 北京市耕地面积变化趋势预测及保护对策研究 [J]. 资源开发与市场（6）：497-499.

张金华. 2016. 现代农业可持续发展综合效益评价研究——以贵州省为例 [J]. 中国农业资源与区划，37（6）：178-183.

张军，覃志豪，李文娟，等. 2011. 1949—2009 年中国粮食生产发展与空间分布演变研究 [J]. 中国农学通报，27（24）：13-20.

张丽叶. 2016. 河南省现代农业可持续发展的综合效益评价 [J]. 中国农业资源与区划，37（10）：95-100.

张露，罗必良. 2020. 农业减量化：农户经营的规模逻辑及其证据 [J]. 中国农村经济（2）：81-99.

张培兰，史宏志，杨超，等. 2012. 基于数据包络分析（DEA）的重庆山地烤烟适宜种植规模研究 [J]. 中国烟草学报，18（3）：87-92.

张沁岚，陈文浩，罗必良. 2017. 农地转入、细碎化改善与农业经营行为转变——基于全国九省农户问卷的 PSM 实证研究 [J]. 农村经济（6）：1-10.

张树伟. 2019. 现代烟草农业背景下烟农专业合作社发展研究 [J]. 江西农业（4）：119.

张香玲，李小建，朱纪广，史焱文. 2017. 河南省农业现代化发展水平空间分异研究［J］. 地域研究与开发，36（3）：142-147.

张云兰，陆维研，唐红祥. 2017. 现代特色农业发展综合评价及对策——以广西为例［J］. 江苏农业科学，45（10）：260-264.

赵辉，方天堃. 2014. 吉林省现代农业发展效率综合评价——基于 1978—2009 年的分析［J］. 农业经济（8）：9-11.

赵佳荣. 2010. 农民专业合作社"三重绩效"评价模式研究［J］. 农业技术经济（2）：119-127.

赵晓峰，陈义媛，周娟，赵祥云. 2020. 农业现代化的中国道路［J］. 西北农林科技大学学报（社会科学版），20（5）：120-133.

郑宏运，李谷成，周晓时. 2019. 要素错配与中国农业产出损失［J］. 南京农业大学学报（社会科学版），19（5）：143-153，159.

郑姗，宗义湘，宋洋. 2016. 河北省粮食主产区现代农业发展水平评价——基于因子分析和聚类分析［J］. 黑龙江畜牧兽医（20）：43-46.

钟甫宁，刘顺飞. 2007. 中国水稻生产布局变动分析［J］. 中国农村经济（9）：19-44.

周娟. 2020. 小农户与现代农业有机衔接的制度优势［J］. 西北农林科技大学学报（社会科学版），20（6）：127-130.

周黎安，陈烨. 2005. 中国农村税费改革的政策效果：基于双重差分模型的估计［J］. 经济研究（8）：44-53.

周鹏飞，谢黎，王亚飞. 2019. 我国农业全要素生产率的变动轨迹及驱动因素分析——基于 DEA—Malmquist 指数法与两步系统 GMM 模型的实证考察［J］. 兰州学刊（12）：170-186.

朱春江，骆汝九，许强，等. 2016. 现代农业及农村新型科技服务能力灰色聚类评价［J］. 江苏农业科学，44（9）：524-527.

朱尊权. 2008. 中国烟叶生产科研现状与展望［J］. 中国烟草学报，14（6）：70-72.

Bardaka Ioanna，Bournakis Ioannis，Kaplanoglou Georgia. 2021. Total factor productivity（TFP）and fiscal consolidation：How harmful is austerity?［J］. Economic Modelling（94）.

Klára Dimitrovová，Julian Perelman，Manuel Serrano-Alarcón. 2020. Effect of a national primary care reform on avoidable hospital admissions（2000－2015）：A difference-in-difference analysis ［J］. Social Science & Medicine（252）.

图书在版编目（CIP）数据

现代烟草农业发展问题研究：以河南省为例 / 邓蒙芝，李富欣著. —北京：中国农业出版社，2021.5
ISBN 978-7-109-28215-5

Ⅰ.①现⋯　Ⅱ.①邓⋯ ②李⋯　Ⅲ.①烟草－作物经济－研究－河南　Ⅳ.①F326.12

中国版本图书馆 CIP 数据核字（2021）第 083277 号

现代烟草农业发展问题研究
XIANDAI YANCAO NONGYE FAZHAN WENTI YANJIU

中国农业出版社出版
地址：北京市朝阳区麦子店街 18 号楼
邮编：100125
责任编辑：赵　刚
版式设计：王　晨　责任校对：刘丽香
印刷：中农印务有限公司
版次：2021 年 5 月第 1 版
印次：2021 年 5 月北京第 1 次印刷
发行：新华书店北京发行所
开本：880mm×1230mm　1/32
印张：6.25
字数：180 千字
定价：48.00 元